Python
言語で学ぶ

基礎からの
プログラミング

小高知宏

[著]

近代科学社

まえがき

コンピュータは，現代社会で暮らすすべての人たちにとって，欠かすことのできない道具です．特に工学分野では，様々な場面でコンピュータが重要なツールとして活躍しています．コンピュータの本質を理解することは，現代の工学技術者にとって極めて重要な素養の一つです．

本書は，コンピュータの本質である「手続き的処理」の理解を目標として，具体的な例題を通してプログラミングの基礎を学ぶための演習書です．読者として，特に工学系分野の学生及び初学者を念頭に置いています．このため本書では，工学の様々な分野で素養として要求されるプログラミングの基礎知識を，演習を通して無理なく習得できるよう構成しました．

演習とその解答について，本書では Python 言語によるプログラム例を示しました．Python は，近年さまざまな分野で広く用いられているだけでなく，初学者にも理解しやすく扱いやすいという特徴があります．こうしたことを考慮して，本書では Python を対象として取り上げました．すべての演習問題に対する解答または略解を示しました．

Python 環境の構築

本書を読み進める前に，Python をインストールしておくことを推奨します．プログラムを実行するために必要な Python インタプリタと標準モジュールをインストールするには公式 Web サイト（https://www.python.org/）を利用します．

Web サイトにある「Downloads」から，ダウンロードしたいバージョンの Python システムを指定して，インストールファイルをダウンロードしてください．その後，ダウンロードしたインストールファイルを実行し，表示される画面の指示に従って Python システムをインストールします．

Python のプログラムを記述するためには，テキストエディタを利用します．テキストエディタとして，本書では，Windows に標準装備されているメモ帳（notepad）を利用します．

謝辞

本書の実現にあたっては，著者の所属する福井大学での教育研究活動を通じて得た経験が極めて重要でした．この機会を与えてくださった福井大

学の教職員と学生の皆様に感謝いたします．また，本書実現の機会を与えてくださった近代科学社の皆様にも改めて感謝いたします．最後に，執筆を支えてくれた家族（洋子，研太郎，桃子，優）にも感謝したいと思います．

2021 年 5 月

小高 知宏

目　次

1 章　コンピュータとは　………………………………………………………………　1
　1.1　コンピュータの構成と動作　……………………………………………………　2
　1.2　プログラムの作成と実行　………………………………………………………　4

2 章　手続き的処理 (1)　順接処理　……………………………………………………　7
　2.1　出力　………………………………………………………………………………　8
　2.2　入力と代入　………………………………………………………………………　11

3 章　手続き的処理 (2)　条件判定と繰り返し処理　………………………………　15
　3.1　条件分岐　…………………………………………………………………………　16
　3.2　決められた回数の繰り返し　……………………………………………………　20

4 章　手続き的処理 (3)　さまざまな繰り返し処理　………………………………　25
　4.1　条件に基づく繰り返し　…………………………………………………………　26
　4.2　多重の繰り返し　…………………………………………………………………　30

5 章　関数の利用　………………………………………………………………………　37
　5.1　関数によるプログラムの分割　…………………………………………………　38
　5.2　関数の基本　………………………………………………………………………　41

6 章　基本的データ型とリスト　………………………………………………………　49
　6.1　データ型　…………………………………………………………………………　50
　6.2　リストと繰り返し処理　…………………………………………………………　55

7 章　数値と文字列　……………………………………………………………………　63
　7.1　さまざまな数値の扱い　…………………………………………………………　64
　7.2　文字列の扱い　……………………………………………………………………　69

8 章　さまざまなデータ構造　…………………………………………………………　77
　8.1　リストとタプル　…………………………………………………………………　78
　8.2　辞書と集合　………………………………………………………………………　83

9章 反復処理と内包表記 ・・ 89
 9.1 反復処理 ・・・・・・・・・・・・・・・・・・・・・・・・・・・・・・・・・・・・・ 90
 9.2 内包表記 ・・・・・・・・・・・・・・・・・・・・・・・・・・・・・・・・・・・・・ 94

10章 オブジェクトとクラス ・・・・・・・・・・・・・・・・・・・・・・・・・・・・・・・・・・・・ 99
 10.1 オブジェクトの利用 ・・・・・・・・・・・・・・・・・・・・・・・・・・・・・・・・ 100
 10.2 継承 ・・・ 104

11章 ファイル操作 ・・・ 109
 11.1 ファイルの概念 ・・・・・・・・・・・・・・・・・・・・・・・・・・・・・・・・・・ 110
 11.2 プログラムによるファイル操作 ・・・・・・・・・・・・・・・・・・・・・・ 112

12章 モジュールの利用 (1)　乱数と数学関数 ・・・・・・・・・・・・・・・・・・・ 119
 12.1 乱数　random モジュールの利用 ・・・・・・・・・・・・・・・・・・・ 120
 12.2 数学関数　math モジュール ・・・・・・・・・・・・・・・・・・・・・・・ 123

13章 モジュールの利用 (2)　統計的処理とグラフィックス ・・・・・・・・・・ 127
 13.1 統計的処理　statistics モジュールの利用 ・・・・・・・・・・・・・・ 128
 13.2 グラフィックス　turtle モジュール ・・・・・・・・・・・・・・・・・・ 132

14章 モジュールの利用 (3)　データサイエンスと機械学習 (NumPy, pandas, scikit-learn) ・・・・・・・・・・・・・・・・・・・・・・・・・・・・・・・・・・ 137
 14.1 標準モジュール以外のモジュールの利用 ・・・・・・・・・・・・・・・ 138
 14.2 データサイエンスと機械学習（NumPy, pandas, scikit-learn） ・・・・・・・・ 139

15章 さまざまなプログラミング言語 ・・・・・・・・・・・・・・・・・・・・・・・・・・ 145
 15.1 C++言語と Java 言語 ・・・・・・・・・・・・・・・・・・・・・・・・・・・・ 146
 15.2 スクリプト言語 ・・・・・・・・・・・・・・・・・・・・・・・・・・・・・・・・・ 150

略 解・・・155

索 引・・・182

1章　コンピュータとは

[この章のねらい]

　本章では，コンピュータとは何をする機械なのか，また，プログラムとは何なのかを確認します．また，プログラミングの具体的手続きと，プログラム実行の方法を説明します．

[この章の項目]
　コンピュータの構成と動作
　プログラムの作成と実行

1.1 コンピュータの構成と動作

1.1.1 コンピュータの基本構造

コンピュータの基本的構造を図1.1に示す。コンピュータは、演算や制御を行う**中央処理装置**(CPU)、プログラムやデータを記録する**記憶装置（メモリやディスク装置）**[1]、コンピュータ外部とデータをやり取りするための**入出力装置**（I/O）から構成される。

1 メモリは主記憶装置とも呼ばれ、CPU が直接的にデータをやり取りする対象である。これに対し、ディスク装置は補助記憶装置の一種である。

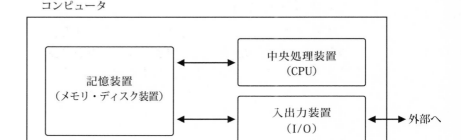

図 **1.1** コンピュータの構成

1.1.2 コンピュータの基本動作

コンピュータは、メモリ上に置かれた**機械語命令**に従って CPU が一つずつ処理を実行する装置である（図1.2）。機械語には、四則演算などの演算やデータ移動、あるいはコンピュータの動作を制御するための命令などがある。一般に、一つの機械語命令でできることはごく単純な処理に限られている。

CPU はメモリから機械語を取り出して解釈・実行する。今日の一般的な CPU では、1秒間に数十億の命令を実行することが可能である。このため、

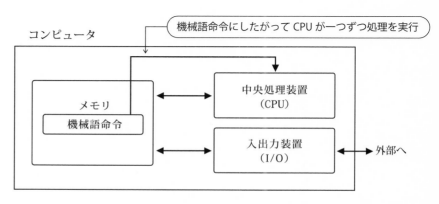

図 **1.2** コンピュータの動作メモリ上に置かれた機械語命令にしたがって CPU が一つずつ処理を実行する

大量の機械語命令の組み合わせを高速に実行することで，複雑な処理を行うことができる．

　CPU が解釈実行できる機械語命令は 2 進数の数値であり，CPU の種類ごとに意味が異なっている．メモリ上の機械語命令は単なる 2 進数であり，表現形式上は機械語命令とデータの区別は存在しない．

1.1.3　コンピュータプログラム

　コンピュータのプログラムは，機械語命令の集まりである．機械語命令は 2 進数の数値であり，その集まりである機械語プログラムは人間にとって理解しづらい．そこで，機械語プログラムよりも理解の容易な**プログラミング言語**を用いてプログラムを作成するのが一般的である．プログラミング言語で記述したプログラムは，機械語命令に変換してからコンピュータに実行させる．この変換操作を**コンパイル**と呼び，変換を担当するプログラムを**コンパイラ**[2] と呼ぶ．また，プログラミング言語で記述したプログラムを**ソースコード**と呼ぶ（図 1.3）．

2 コンパイラ (compiler) とは，本来，「（人間の）編集者」を意味する英単語である．

図 1.3　コンパイル　プログラミング言語で記述したプログラムから機械語プログラムへの変換

　また，ソースコードをコンパイルせずに，プログラムでソースコードを 1 行ずつ解析しつつ，プログラムを順次実行する方法がある．このプログラムを**インタプリタ**と呼ぶ（図 1.4）．

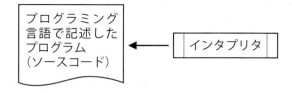

図 1.4　インタプリタ　プログラミング言語で記述したプログラムを順次解釈実行する

　インタプリタを用いると，ソースコードに対応する機械語プログラムを作成する必要がない．また，ソースコードを一部だけ実行したり，逐次実行しながらその挙動を確かめるなど，プログラム開発を柔軟に遂行することができる．しかし，インタプリタによるソースコードの実行は時間がかかり，実行速度が遅くなるという欠点もある．

1.2   プログラムの作成と実行

1.2.1   プログラミング言語の種類

プログラミング言語にはさまざまな種類がある．例えば Python，C 言語，C++言語，Java 言語[3] などはその例である．これらのうち，C 言語や C++言語ではコンパイル方式を用いるのが普通である．また Python ではインタプリタを用いるのが一般的である[4]．

どのプログラミング言語を用いるかは，作成するプログラムの種類や用途に合わせて決められるのが普通である．

プログラミング言語で記述されたソースコードのコンパイル方法や，機械語プログラムの実行方法，あるいはインタプリタによる実行の方法などは，利用するプログラミング言語や実行環境毎にそれぞれ異なる．コンパイル方法の例としては，**エディタ**を用いてソースコードを記述し，**コンパイラ**を用いてコンパイルする方法がある．また，**統合開発環境**[5] と呼ばれる統合的なソフトウェアを用いて，ソースコードの記述やコンパイルを一つのソフトウェアを用いて行う方法もある．インタプリタ方式の例としては，エディタを用いてソースコードを記述し，インタプリタを用いて逐次実行する方法などがある．

1.2.2   コンパイル方式のプログラミング言語を用いたプログラム開発

コンパイル方式のプログラミング言語を用いた開発において，エディタとコンパイラを用いて機械語プログラムを生成する方法では，まずエディタを用いてプログラミング言語の文法に従ったプログラムであるソースコードを作成する．次に，ソースコードをコンパイラに入力して機械語に変換する．生成した機械語プログラムは，コンピュータによって直接実行することができる．

同じくコンパイル方式のプログラミング言語を用いた開発において，統合開発環境を用いてプログラムを作成する場合には，ソースコードの作成やコンパイル，および機械語プログラムの実行はすべて開発環境の内部で行えるのが普通である．

1.2.3   インタプリタ方式のプログラミング言語を用いたプログラム開発

インタプリタ方式によるプログラム開発では，例えば図 1.5 に示すように，エディタとインタプリタを用いる方法がある．図 1.5 では，コマンドプロンプトでメモ帳 (notepad) を起動し，

```
print("Hello")
```

3 以降，本書では主としてPython を取り扱う．ただし終章となる第 15 章では，C++言語及び Java 言語についても取り上げ，それらの特徴を説明する．

4 Java 言語では，コンパイル方式とインタプリタ方式の両方を用いるのが一般的である（15 章を参照のこと）．

5 広く用いられている統合開発環境として，Microsoft 社のVisualStudio が有名である．

のような1行のみのプログラムを入力し，hello.py と名前を付けてファイルに保存している．その後，コマンドプロンプトで「python hello.py」と入力することで Python インタプリタを呼び出して hello.py プログラムを実行し，その結果として「Hello」という出力を得ている．

```
C:¥Users¥odaka>notepad hello.py  ←── メモ帳（notepad）の起動
```

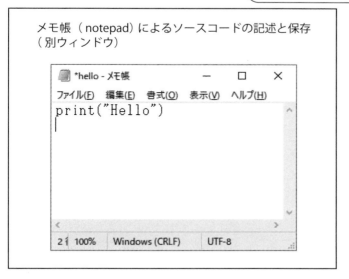

```
C:¥Users¥odaka>python hello.py

Hello          Python インタプリタ（python）
               による hello.py プログラムの実行
C:¥Users¥odaka>
```

図 1.5 インタプリタ方式によるプログラム開発

1.2.4 演習問題

① それぞれの環境において利用可能な Python 処理系について調査し，ソースコードの記述や保存，実行の方法を確かめよ．また，ソースコード 1.1 に示す Python プログラムのソースコードを入力し，Python インタプリタによって実行してみよ．なお，プログラムの詳細については次章以降で説明する．

ソースコード 1.1 Python のプログラム例

```
1 print("Hello")
2 print(3 * 5)
3 print(3 / 5)
```

[1 章のまとめ]

① コンピュータは，中央処理装置 (CPU)，記憶装置，および入出力装置から構成される．

② コンピュータは，メモリ上に置かれた機械語命令に従って CPU が一つずつ処理を実行する装置である．機械語プログラムは，機械語命令を組み合わせることで構成する．

③ コンピュータの機械語プログラムは，2 進数の数値の集まりであり，人間にとって理解しづらい．そこで，機械語プログラムより理解の容易なプログラミング言語を用いてプログラムを作成するのが一般的である．

④ プログラミング言語で記述したプログラムは，機械語に変換してからコンピュータに実行させることが可能である．この変換操作をコンパイルと呼び，変換を担当するプログラムをコンパイラと呼ぶ．

⑤ ソースコードをコンパイルせずに，プログラムでソースコードを 1 行ずつ解析しつつ，プログラムを順次実行する方法がある．ソースコードを 1 行ずつ解析・実行するプログラムを，インタプリタと呼ぶ．

2章　手続き的処理(1)　順接処理

[この章のねらい]

　本章では，Python を利用したプログラム作成の第一歩として，順番に一つずつ処理を行うようなプログラムの記述方法について扱います．具体的には，ディスプレイへの情報の出力や，キーボードからのデータ入力，あるいはデータの一時的保存等の方法を示します．

[この章の項目]

出力
入力と代入

2.1　出力

2.1.1　Python プログラムの基本構成

　Python では，行を単位としてプログラムを構成する．最も簡単なプログラムは，1 章で示したような，1 行からなるプログラムである（図 2.1）.

　なお，greeting.py プログラムには**コメント**が含まれている．コメントは，プログラムの説明を自由に記述するための記法であり，Python インタプリタはコメントを無視する．コメントは，「#」で始まり，行末まで続く．コメントを適切に挿入すると，プログラムの読みやすさを向上させることができる[6].

ソースコード **2.1**　greeting.py

```
1 print("Hello,world!") # 1行のみのプログラム
```

```
Hello,world!
```

図 **2.1**　greeting.py プログラムの実行結果

2.1.2　文字の出力

　ディスプレイへの情報の出力には **print()** 関数を用いる[7].　print() 関数を用いると，文字の出力や計算結果の出力などが簡単に行える (図 2.2).

　図 2.2 では，最初の print() 関数によって，ダブルクォート""で囲んだ文字列を出力している．2 番目の print() 関数の呼び出しでは，数式の計算結果を出力している.

ソースコード **2.2**　calc.py

```
1 print("Calclation") # ダブルクォート"" で囲んだ文字列を出力
2 print(5*13+20/2)     # 数式 (5*13+20/2)の計算結果を出力
```

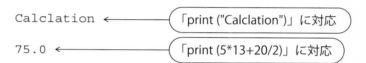

```
Calclation ←──── 「print("Calclation")」に対応

75.0 ←──── 「print (5*13+20/2)」に対応
```

図 **2.2**　calc.py プログラムの実行結果

6 このため，コメントは十分かつ丁寧に記述すべきである.

7 厳密に言うと，print() 関数を用いると，ディスプレイに限らずファイル等にも情報を出力することも可能である．このことについては，第 11 章で扱う.

Python で日本語を扱うには，プログラムの先頭に次のような記述を置く[8]．

```
# -*- coding: utf-8 -*-
```

これにより，プログラムのソースコード内部で **UTF-8**[9] という文字コードによる文字表現を利用することができるようになる．

Python のプログラムで，文字コードの設定に続いて **docstring**(ドックストリング，ドキュメント文字列などとも呼ぶ) を記述すると，プログラムの説明として有用である．docstring は，任意の文字列を，「"」又は「'」を三つ連続して「"""」又は「'''」[10] で囲んで作成し，そのプログラムの説明を記述する．docstring の記述例を示す．

```
"""
print3.py プログラム
3行のメッセージを出力します
"""
```

2.1.3　例題

次のように3行のメッセージを出力するプログラム print3.py を作成せよ．

```
1行目
2行目
3行目
```

図 **2.3**　3 行のメッセージを出力するプログラム print3.py の実行例

解答と解説

3行のメッセージを出力するためには，先に示した hello.py プログラムを拡張すればよい．ソースコード 2.3 に，print() 関数を 3 回呼び出すように拡張したプログラムである print3.py プログラムを示す．print3.py プログラムは日本語を扱うので，プログラムの先頭に「# -*- coding: utf-8 -*-」という行を置いている．また print3.py プログラムでは，プログラムの説明である docstring も追加することにする．

3行のメッセージを出力する別の方法として，print() 関数を 1 回だけ呼び出して，出力する文字列中に 2 行分の改行記号「¥n」[11] を繰りこむ方法がある．ソースコード 2.4 に，この方法で記述したプログラムの例を示す．

8　この記述がプログラム先頭の 1 行目又は 2 行目に置かれると，単なるコメントではなく文字コードを指定するための記述として扱われる．

9　UTF-8 は，漢字やひらがななど多様な文字表現を，英数字や記号と共に用いることのできる文字コードである．

10　このような表現をトリプルクォートと呼ぶ．

11　¥n は，日本語環境において用いられる記号である．英語向けの環境では，¥n と同じ意味で \n（バックスラッシュ n）が用いられる．

ソースコード **2.3**　print3.py の実装例 (1)　三つの print() 関数を用いた実装

```
1 # -*- coding: utf-8 -*-
2 """
3 print3.py プログラム
4 3行のメッセージを出力します
5 """
6 print("1行目")
7 print("2行目")
8 print("3行目")
```

ソースコード **2.4**　print3.py の実装例 (2)　　print32.py プログラム
一つの print() 関数だけを用いた実装

```
1 # -*- coding: utf-8 -*-
2 """
3 print32.py プログラム
4 3行のメッセージを出力します
5 """
6 print("1行目¥n2 行目¥n3 行目")
```

2.1.4　演習問題

①　　次の print33.py プログラムを実行すると，どのような出力結果を得られるか．出力結果を示せ．

ソースコード **2.5**　print33.py プログラム

```
1 # -*- coding: utf-8 -*-
2 """
3 print33.py プログラム
4 """
5 print("abc¥ndefnghi")
```

②　　ソースコード 2.6 に示したプログラムの「空欄 A」及び「空欄 B」を埋めて，図 2.4 に示す実行結果のような出力を得るプログラム calc2.py を完成させよ．

ソースコード **2.6**　calc2.py

```
1 # -*- coding: utf-8 -*-
2 """
3 calc2.py プログラム
4 """
5 print(「空欄A」)
6 print(「空欄B」, 7*13+20/2)
```

```
Calclation
7*13+20/2の計算結果  101.0
```

図 **2.4**　calc2.py プログラムの実行結果

③　　次の greetingbug.py プログラムには，バグ（プログラムのミス）が
含まれているため，実行することができない[12]．修正点を指摘せよ．

12 Python インタプリタがバグを検出してエラーとして扱うため，実行することができない．この際一般に，何がエラーの原因であったかをインタプリタが表示する．この表示をエラーメッセージと呼ぶ．エラーメッセージはバグを解消するための手段として有用である．

ソースコード **2.7**　greetingbug.py

```
1 # -*- coding: utf-8 -*-
2 """
3 greetingbug.py プログラム
4 このプログラムにはバグがあります
5 """
6 print("Hello,world!")
7 print("Hello,world!¥n")
8 print("Hello,world!)
```

2.2　入力と代入

2.2.1　変数と代入

　　変数は，プログラムで用いるデータを保存するために用いるしくみである．変数に値を保存することを**代入**[13]と呼ぶ．変数の値を参照するには，式の中に変数名を記述する．変数の利用方法の例をソースコード 2.8 に示す．

13 Python では代入の操作を指示する記号は ＝（等号）である．等号を使うにも関わらず，代入とは値を書き込む操作であって，等しいという意味ではない点に注意せよ．

ソースコード **2.8**　var.py

```
1 # -*- coding: utf-8 -*-
2 """
3 var.py プログラム
4 変数の利用方法の例
5 """
6 var = 10                    # 変数var に 10 を代入
7 print("var = ",var)
8 print("var * 10 = ",var * 10, "¥nvar * 20 = ",var * 20) # 10倍
        及び 20倍の値を計算し出力
```

```
var=10      ←  「print ("var = ",var)」に対応

var*10=100  ←  「print ("var * 10 = ",var * 10, "¥nvar * 20 = ",var * 20)」に対応

var*20=200  ←  「print ("var * 10 = ",var * 10, "¥nvar * 20 = ",var * 20)」に対応
```

図 **2.5**　var.py の実行結果

2.2.2　データの入力

　input() 関数を用いると，キーボード等からデータを読み込むことができ
る．input() 関数では，データを文字列として読み込む．input() 関数を
使って読み込んだ文字列は，int() 関数で整数に変換することができる．同
様に，float() 関数を使うと，input() 関数で読み込んだ文字列を浮動小数点
数に変換することができる．

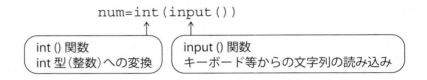

図 **2.6**　input() 関数の利用方法

　ソースコード 2.9 の cal100.py プログラムでは，キーボードから数値を読
み込んでその値を変数に格納している．その後適当な計算を施して，print()
関数を用いて結果を出力している．

ソースコード **2.9**　cal100.py

```
1 # -*- coding: utf-8 -*-
2 """
3 cal100.py プログラム
4 input()関数による入力の例
5 """
6 num = int(input("整数を入力:")) # input()関数による値の読み込み
7 print("num * 100 = ", num * 100)# print()関数を用いた出力
```

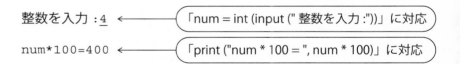

図 **2.7**　input () 関数による入力の例　cal100.py（下線部はキーボードからの入力）

2.2.3　例題

　二つの数値をキーボードから読み込み，両者を加え合わせた結果を出力
するプログラム add.py を示せ（図 2.8）.

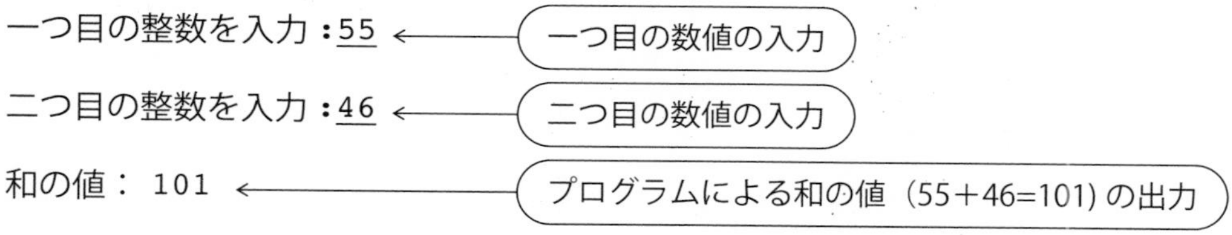

一つ目の整数を入力:<u>55</u> ← 一つ目の数値の入力

二つ目の整数を入力:<u>46</u> ← 二つ目の数値の入力

和の値: 101 ← プログラムによる和の値（55＋46=101）の出力

図 **2.8**　add.py プログラムの実行例 (下線部はキーボードからの入力)

解答と解説

　add.py プログラムは，先に示した cal.py プログラムを拡張することで構成できる．具体的には，input() 関数を 2 回使ってそれぞれの変数に数値を読み込み，print() 関数を使って両者の和の値を出力すればよい．ソースコード 2.10 に add.py プログラムを示す．

ソースコード **2.10**　add.py

```
1 # -*- coding: utf-8 -*-
2 """
3 add.py プログラム
4 2つの数値の和を求める
5 """
6 a = int(input("一つ目の整数を入力:"))
7 b = int(input("二つ目の整数を入力:"))
8 print("和の値：", a + b)
```

2.2.4　演習問題

①　三つの数値を読み込んで，その和を出力する add3.py プログラムを示せ（図 2.9）.

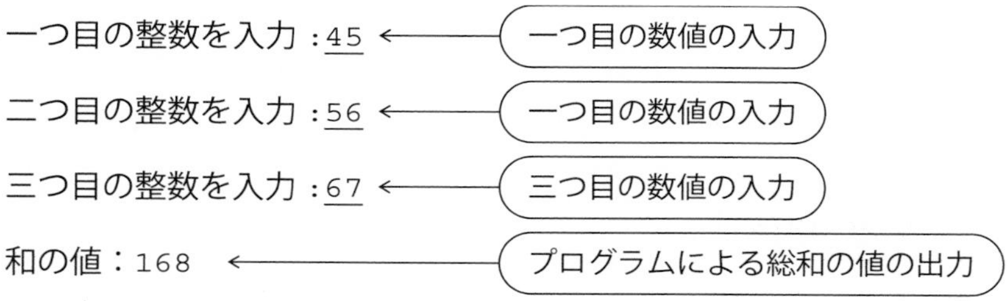

一つ目の整数を入力:<u>45</u> ← 一つ目の数値の入力

二つ目の整数を入力:<u>56</u> ← 一つ目の数値の入力

三つ目の整数を入力:<u>67</u> ← 三つ目の数値の入力

和の値:168 ← プログラムによる総和の値の出力

図 **2.9**　add3.py プログラムの実行例 (下線部はキーボードからの入力)

② ソースコード 2.11 のプログラムの「空欄 A」及び「空欄 B」を埋め
て，実行結果のような出力を得るプログラム cal200.py を完成させよ．

ソースコード 2.11 cal200.py

```
1 # -*- coding: utf-8 -*-
2 """
3 cal200.py プログラム
4 """
5 inputdata = int(input(「空欄A」))
6 print("inputdata * 200 = ",「空欄B」)
```

```
整数を入力:30
inputdata * 200 =  6000
```

図 2.10 cal200.py プログラム 実行結果 (下線部はキーボードからの入力)

③ ソースコード 2.12 のプログラムには，バグ（プログラムのミス）が
含まれている．修正点を指摘せよ．

ソースコード 2.12 multbug.py （バグが含まれている）

```
1 # -*- coding: utf-8 -*-
2 """
3 multbug.py プログラム
4 """
5 a = int(input("一つ目の整数を入力:"))
6 b = int(input("二つ目の整数を入力:"))
7 print("積の値：", x * y)
```

［2章のまとめ］

① Python のプログラムは，基本的に，先頭から行を単位として順
次実行される．
② ディスプレイへの情報の出力には print() 関数を用いる．
③ 変数は，プログラムで用いるデータを保存するために用いるし
くみである．
④ input() 関数を用いると，キーボードからデータを読み込むこと
ができる．

3章 手続き的処理(2)
条件判定と繰り返し処理

[この章のねらい]

　本章では，条件判定と繰り返し処理を記述する方法を説明します．ここでは，条件判定には if 文を用い，繰り返し処理には for 文を用います．

[この章の項目]
条件分岐
決められた回数の繰り返し

3.1　条件分岐

3.1.1　if 文

　　変数や式の値を調べるには if 文を用いる．if 文では，式で条件を指定し，条件が成立した場合のみ，インデント（段付け）で 1 行以上のグループにまとめた文を実行する．通常，インデントは 4 文字の空白で記述する．条件が成立しなければ，直後の文のグループは実行されない[14]．図 3.1 の例では，もし変数 data に格納された値が 0 より大きければ Plus!と出力するが，0 以下であれば出力されない．

14 直後の行のグループは実行されずに無視されて，その次の行の処理に進む．

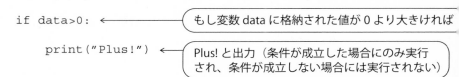

図 3.1　if 文の記述方法

　　条件の指定には，比較の記号を含む式を用いる（表 3.1）．

表 3.1　比較の記号

記号	記述例	記述例の意味
>	a>0	a が 0 より大きい
<	a<0	a が 0 より小さい
==	a==0	a は 0 と等しい
>= [15]	b>=10	b は 10 以上
<=	b<=10	b は 10 以下

15 これらの記号は並べる順番が決まっており，逆順に並べた「=>」及び「=<」はエラーとなる．

　　if 文に続いて else 文を記述すると，条件が成立した場合と，成立しなかった場合の 2 通りで，実行する文を切り替えることができる．図 3.2 の例では，もし変数 data に格納された値が 0 より小さければ Minus!と出力し，そうでなければ Not minus!と出力する．

図 3.2　if〜else 文の使い方

　if や else の直後には，インデントで指示することでひとまとめにした，複数の文を置くことができる.

```
if data<0:
    print("Minus!")
    print("(0 未満 )")
    print("(0 は含みません )")
else:
    print("Not Minus!")
    print("(0 以上 )")
```

この 3 行は、条件が成立した場合に実行

この 2 行は、条件が成立しなかった場合に実行

図 **3.3**　if〜else 文で、複数の文を記述した例

　三つ以上の場合分けが必要な場合には，if〜elif〜else という構文を用いる. 例えば図 3.4 では，条件に応じてア〜エの四つの場合に分けて文を実行させることができる.

```
if 条件A:
    文ア
elif 条件B:
    文イ
elif 条件C:
    文ウ
else:
    文エ
```

条件 A が成立したら　　　　→ 文アを実行
そうでなく、条件 B が成立したら → 文イを実行
そうでなく、条件 C が成立したら → 文ウを実行
それ以外なら　　　　　　　　→ 文エを実行

図 **3.4**　if〜elif〜else による、四つの場合の場合分け処理

3.1.2　例題

　キーボードから数値を読み込み，正なら Plus!, 0 なら Zero!, 負なら Minus! と出力する if3.py を作成せよ.

```
3
Plus!
 (1) 正なら Plus!と出力

0
Zero!
 (2) 0 なら Zero!と出力

-2
Minus!
 (3) 負なら Minus!と出力
```

図 3.5　三つの場合を区別する条件判定プログラム if3.py の実行例（下線部はキーボードからの入力）

解答と解説

　三つの場合を区別するためには，次のように if〜elif の連鎖を用いる

```
if 条件A:
    文ア
elif 条件B:
    文イ
else:
    文ウ
```

　この方法で記述した例をソースコード 3.1 に示す.

ソースコード **3.1**　if3.py プログラム

```
 1 # -*- coding: utf-8 -*-
 2 """
 3 if3.py プログラム
 4 キーボードから数値を読み込み、
 5 正ならPlus!、 0ならZero!、負ならMinus!と出力します
 6
 7 """
 8 data = int(input("整数を入力:"))
 9 if data > 0:        # 読み込んだ値が正なら
10     print("Plus!") # Plus!と出力
11 elif data < 0:      # 負なら
12     print("Minus!")# Minus!と出力
13 else:               # そうでなければ
14     print("Zero!") # Zero!と出力
```

3.1.3 演習問題

① 次の if2.py プログラムを実行して図 3.6 のように入力を与えると，どのような出力結果を得られるか．それぞれの出力結果を示せ．ただし，出力結果は 1 行とは限らない点に注意せよ．

ソースコード **3.2** if2.py

```
 1 # -*- coding: utf-8 -*-
 2 """
 3 if2.py プログラム
 4
 5 """
 6 data = int(input("整数を入力:"))
 7 if data > 0:
 8     print("Case 1")
 9 elif data < 0:
10     print("Case 2")
11 print("End of program")
```

```
整数を入力: 0
End of program

整数を入力: 2
「出力結果A」

整数を入力: -4
「出力結果B」
```

図 **3.6** if2.py プログラム 実行例（下線部はキーボードからの入力）

② 整数を一つ読み込み，0 より大きい値の場合にはその二乗の値を出力し，0 以下の場合には 0 を出力するプログラム ps.py を作成せよ．

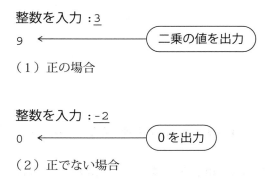

（1）正の場合

（2）正でない場合

図 **3.7** ps.py プログラムの動作例（下線部はキーボードからの入力）

③　次のプログラム ifbug.py プログラムは，入力値が 0 以上なら"Zero or Plus."と出力し，それ以外の場合には "Minus."と出力することを意識して作成したプログラムである．しかし，このプログラムを実行するとエラーが検出される．ifbug.py プログラムのミス（バグ）を 1 箇所だけ指摘し，修正方法を示せ．

ソースコード **3.3**　ifbug.py プログラム

```
1  # -*- coding: utf-8 -*-
2  """
3  ifbug.py プログラム
4
5  """
6  data = int(input("整数を入力:"))
7  if data => 0:
8      print("Zero or Plus.")
9  else :
10     print("Minus.")
```

3.2　決められた回数の繰り返し

3.2.1　for 文

　繰り返し処理の記述には **for 文**を用いる[16]．Python の for 文では非常に多様な方法で繰り返し処理を記述することができるが，ここでは決められた回数の繰り返し処理についてのみ扱うことにする．

　for 文による繰り返し処理の記述例を図 3.8 に示す．

```
for i in range(5):  ←  変数 i を、0 から 5 未満まで変化させて繰り返す
    print(i)  ←  繰り返しの本体（変数 i の値の出力）
```

（1）記述例

```
0
1
2
3
4
```

（2）実行結果

図 **3.8**　for 文による繰り返し処理の記述

図 3.8 において，「in range(5)」は，0 から始めて 5 未満まで，変数を 1 ずつ増加させることを意味している．この例では繰り返しは 0 から始めているが，図 3.9（1）のように記述すると，それ以外の値から始めることも可

能である．さらに，図 3.9（2）のように記述すると，変数の変化の値を 1
以外に変更することも可能である．

```
for i in range(5,10):
```
← 変数 i を、5 から 10 未満まで 1 ずつ
増加させて繰り返す

（1）繰り返しの始まりの値の変更例

```
for i in range(5,10,2):
```
← 変数 i を、5 から 10 未満まで 2 ずつ
増やしながら変化させて繰り返す

（2）変化の値（増分）の変更例

図 3.9　繰り返しのさまざまな指定方法

3.2.2　for 文の記述方法

　for 文における繰り返し処理の本体部分は，空白 4 文字でインデントした
文の集まりである．（図 3.10）．

```
for i in range(1,5):
    print("iの値:",end="")
    print(i)
```
繰り返しの本体

（1）記述例

i の値：1
i の値：2
i の値：3
i の値：4

（2）実行結果

図 3.10　for 文による繰り返し処理の記述

　図 3.10 において，繰り返しの本体部分の一行目，

```
print("iの値:", end = "")
```

では，"i の値:" という文字列を改行せずに出力している．このように，print()
関数の呼び出しにおいて「end = ""」という記述を付け加えると，出力後
に改行しないことを指示することができる．

3.2.3　例題

　次のように 3 から 9 までの整数を出力する print3to9.py プログラムを示せ.

```
3
4
5
6
7
8
9
```

図 **3.11**　print3to9.py プログラムの実行結果

解答と解説

　for 文を利用して，ソースコード 3.4 のように記述すればよい. この例のように，初期値や増分は柔軟な記述が可能である.

ソースコード **3.4**　print3to9.py

```
1 # -*- coding: utf-8 -*-
2 """
3 print3to9.py プログラム
4 3から9までの整数を出力します
5 """
6 for i in range(3 , 10):
7     print(i)
```

3.2.4　演習問題

①　5 から 1 までの整数を順に出力する print5to1.py プログラムを示せ.

②　ソースコード 3.5 に示した print.py プログラムの実行結果を示せ.

ソースコード **3.5**　print.py プログラム

```
1 # -*- coding: utf-8 -*-
2 """
3 print.py プログラム
4 """
5 for i in range(1 , 5):
6     print(i)
7 print(i)
```

③　ソースコード 3.6 の printbug.py プログラムを実行するとどのような出力が得られるか. またなぜそうなるのかを説明せよ.

ソースコード **3.6** printbug.py プログラム

```
1 # -*- coding: utf-8 -*-
2 """
3 printbug.py プログラム
4 """
5 for i in range(1 , 5, -1):
6     print(i)
```

[3 章のまとめ]

① 変数や式の値を調べるには if 文を用いる．if 文では，式で条件
を指定し，条件が成立した場合のみ，インデントでグループに
まとめた直後の文を実行する．条件が成立しなければ，直後の
文は実行されない．

② if 文に続いて else 文を記述すると，条件が成立した場合と，成
立しなかった場合の 2 通りで，実行する文を切り替えることが
できる．

③ 三つ以上の場合分けが必要な場合には，if〜elif〜else という構
文を用いる．

④ 繰り返し処理の記述には for 文を用いる．for 文では，range()
による指定によって，柔軟な繰り返しの指定が可能である．

4章 手続き的処理(3)
さまざまな繰り返し処理

[この章のねらい]

　本章では，あらかじめ回数を決めるのではなく，ある条件が満たされるまで繰り返すような繰り返し処理を紹介します．また，繰り返しの中に繰り返しを繰り込んだ，多重の繰り返し処理の例も示します．

[この章の項目]
　条件に基づく繰り返し
　多重の繰り返し

4.1 条件に基づく繰り返し

4.1.1 while 文

while 文は，繰り返し処理を記述するためのしくみである．ソースコード4.1 に while 文の記述例を示す．

ソースコード **4.1** while 文の記述例

```
1 i = 1                # 繰り返しを制御する変数
2 while i <= 5:        # i が 5 以下の場合繰り返す
3     print("i の値：", i)
4     i = i + 1        # i の更新
```

```
i の値： 1
i の値： 2
i の値： 3
i の値： 4
i の値： 5
```

図 **4.1** while 文の記述例　実行結果

4.1.2 while 文と for 文

図 4.2 に while 文の意味の説明を示す．while 文は for 文と同様に，さまざまな繰り返し処理を記述することができる．

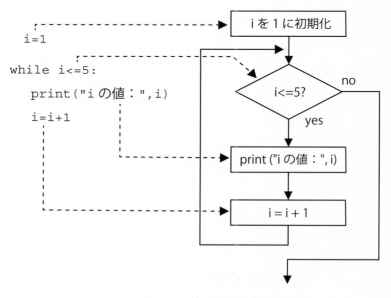

図 **4.2** while 文の意味の説明

　図 4.2 では，while 文の実行に入る前に，繰り返しを制御する変数 i に初期値 1 を代入している．続いて，while という書き出しに続いて繰り返しの条件である「i <= 5」を記述し，続いて，繰り返し処理の本体である print() 関数の呼び出しと変数 i の更新を記述している．繰り替えの本体は，空白 4 文字によるインデント（段付け）によって示されている．

　ソースコード 4.2 では，図 4.2 と同じ意味の繰り返しを for 文によって 2 行で記述している．このように，決められた回数の繰り返し処理では，for 文による記述が簡潔で分かりやすい場合が多い．

ソースコード **4.2**　図 4.2 の while 文を for 文で記述した例

```
1 for i in range(1, 6):
2     print("i の値：", i)
```

4.1.3　例題

　整数を 1 から順に二乗して加えて行き，100 を超えるまで和の値を出力するプログラム ss.py を作成せよ．

```
1 までの和： 1
2 までの和： 5
3 までの和： 14
4 までの和： 30
5 までの和： 55
6 までの和： 91
7 までの和： 140
```

図 **4.3**　ss.py プログラムの実行結果

解答と解説

　二乗の和を求めるには，積算値を保存する変数 sum を用意し，sum に二乗の値を順次加えてゆく．sum の値が 100 を超えたら繰り返しを終了すればよい．処理の概略は以下のとおりである．

(1) 変数の初期化
　　整数を表す変数 n と，積算値（和）を格納する変数 sum を用意し，それぞれ初期化する．
(2) 以下を，sum の値が 100 を超えるまで繰り返す
　　n を 1 増やす
　　sum に n の二乗値を加える
　　n と sum の値を出力

前述に従って作成した ss.py プログラムをソースコード 4.3 に示す.

ソースコード **4.3**　ss.py プログラム

```
 1  # -*- coding: utf-8 -*-
 2  """
 3  ss.py プログラム
 4  整数を1から順に二乗して加えて行き、
 5  100を超えるまで和の値を出力します
 6
 7  """
 8  # 変数の初期化
 9  n = 0
10  sum = 0
11  # 1から順番に二乗の和を求める
12  while sum < 100:          # 100未満の間繰り返す
13      n = n + 1
14      sum = sum + n * n
15      print(n, "までの和：", sum)
```

　なお，前述の ss.py プログラムを，for 文を使って実現することもできる．この場合，繰り返しの途中で if 文による条件判定を実施し，その結果繰り返しを打ち切る必要があれば，break 文を利用して繰り返しを終了する．ここで break 文は，繰り返しの途中で，繰り返し処理を強制的に終了させる働きのある文である．ss.py プログラムを for 文を使って書き直した，ssfor.py プログラムをソースコード 4.4 に示す.

ソースコード **4.4**　ssfor.py

```
 1  # -*- coding: utf-8 -*-
 2  """
 3  ssfor.py プログラム
 4  整数を1から順に二乗して加えて行き、
 5  100を超えるまで和の値を出力します
 6
 7  """
 8  # 変数の初期化
 9  sum = 0
10  # 1から順番に二乗の和を求める
11  for n in range(1, 100):
12      sum = sum + n * n
13      print(n, "までの和：", sum)
14      if sum >=100:# 二乗和が 100以上となったら
15          break    # break 文によって繰り返しを終了する
```

```
1 までの和：  1
2 までの和：  5
3 までの和：  14
4 までの和：  30
5 までの和：  55
6 までの和：  91
7 までの和：  140
```

図 **4.4**　ssfor.py プログラムの実行結果

4.1.4　演習問題

① 　ソースコード 4.5 に示す while1.py プログラムを，for 文を使って書き改めよ．ただし，実行結果は同一となるように注意せよ．

ソースコード **4.5**　while1.py

```
 1 # -*- coding: utf-8 -*-
 2 """
 3 while1.py プログラム
 4 関数f(x)=x*x+x+1について、
 5 x が正の整数の場合について計算します
 6 f(x)が100を超えたら終了します
 7 """
 8 x = 1      # 変数の初期化
 9 while x * x + x + 1 < 100 : # 100未満の間繰り返す
10     print("f(", x, ")=", x * x + x + 1)
11     x = x + 1
```

```
f( 1 )= 3
f( 2 )= 7
f( 3 )= 13
f( 4 )= 21
f( 5 )= 31
f( 6 )= 43
f( 7 )= 57
f( 8 )= 73
f( 9 )= 91
```

図 **4.5**　while1.py プログラムの実行結果

② 　図 4.6 に示すように，1 から 5 までの整数の二乗及び三乗の値を出力するプログラム print23.py を作成せよ．

```
i        i*i      i*i*i
1        1        1
2        4        8
3        9        27
4        16       64
5        25       125
```

図 **4.6**　print23.py プログラムの実行結果

③　　1 から n までの整数の和が 100 を超えるまで計算を続けるプログラム
を必要になったので，ソースコード 4.6 に示すプログラム sbug.py を作成
した．これについて以下の問に答えよ．

問1　このプログラムを実行すると，出力結果はどのようになるか．
問2　本来の動作をさせるためには，プログラムをどのように修正すべきか．

ソースコード **4.6**　sbug.py プログラム

```
 1  # -*- coding: utf-8 -*-
 2  """
 3  sbug.py プログラム
 4  1から順番に和の値を求めます
 5  和が100を超えたら終了します
 6  このプログラムには誤りがあります
 7  """
 8  # 変数の初期化
 9  n = 1
10  sum = 1      # 1までの和の値は 1
11  # 1から順番に和を求める
12  while sum < 100 : # 100未満の間繰り返す
13      print(n , "までの和：" , sum)
14      sum = sum + n # sum の値に n を加える
```

4.2　多重の繰り返し

4.2.1　二重の繰り返し処理

　　for 文や while 文による繰り返し処理では，繰り返し処理の内部に新たな
繰り返し処理を含むことができる．例えば図 4.7 の例では，変数 i による
繰り返し処理の内部に，変数 j によって制御される別の繰り返し処理が含
まれている．この場合，内側の変数 j によって制御される繰り返し処理全
体が，外側の繰り返し処理によって複数回実行される[17]．

17 この例では繰り返しは二重
だが，必要ならば，繰返しを三
重，四重，あるいはそれ以上
と，さらに多重にすることも
できる．

ソースコード **4.7** 二重の繰り返し処理の記述例

```
1 for i in range(1,4):        # i が 1 から 4 未満まで繰り返す
2     for j in range(1,5):    # j が 1 から 5 未満まで繰り返す
3         print("i:", i, "j:", j)# i のそれぞれについて、j を 1 から
    4 まで繰り返す
```

```
i:1j:1
i:1j:2        i=1 の場合に、j=1〜4 まで繰り返す
i:1j:3
i:1j:4

i:2j:1
i:2j:2        i=2 の場合に、j=1〜4 まで繰り返す
i:2j:3
i:2j:4

i:3j:1
i:3j:2        i=3 の場合に、j=1〜4 まで繰り返す
i:3j:3
i:3j:4
```

図 **4.7** ソースコード 4.7 の実行結果

4.2.2 多重の繰り返しとインデント

Python では，繰り返し処理の本体はインデントによって示される．このため，多重の繰り返し処理の記述においては，インデントによって，どの文がどの繰り返し処理の制御を受けるのかが示される．ソースコード 4.8 に，この例を示す．

ソースコード **4.8** インデントによる繰り返し処理の指示

```
1 for i in range(1,4):            # i が 1 から 4 未満まで繰り返す
2     print("i の値：", i)          # この行は 3回実行される
3     for j in range(1,5):        # j が 1 から 5 未満まで繰り返す
4         print("i:", i, "j:", j)   # この行は 12回実行される
5     print("次へ進む")             # この行は 3回実行される
```

```
i の値：　1
i:  1  j:  1
i:  1  j:  2
i:  1  j:  3
i:  1  j:  4
次へ進む
i の値：　2
i:  2  j:  1
i:  2  j:  2
i:  2  j:  3
i:  2  j:  4
次へ進む
i の値：　3
i:  3  j:  1
i:  3  j:  2
i:  3  j:  3
i:  3  j:  4
次へ進む
```

図 4.8　ソースコード 4.8 の実行結果

4.2.3　例題

　入力された数値 n の値に従って，n 行にわたって星印 * を n 個出力する
プログラム asterisk.py を作成せよ.

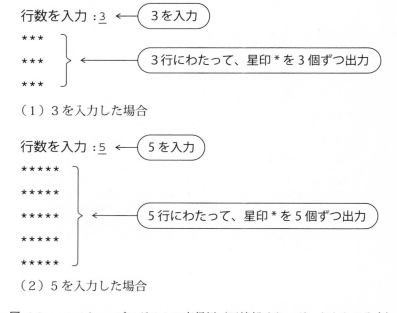

（1）3 を入力した場合

（2）5 を入力した場合

図 4.9　asterisk.py プログラムの実行例（下線部はキーボードからの入力）

解答と解説

　asterisk.py プログラムは，複数の行を出力するための繰り返し処理と，各行で星印 * を複数個出力するための繰り返し処理からなる，二重の繰り返し処理が必要になる．その手順は次のようになる．

（1）n を入力
（2）以下を n 行分繰り返す
　　（2-1）　繰り返し処理を用いて，星印 * を n 個出力する
　　（2-2）　改行記号を出力する

　この手順をプログラムで表現すると，図 4.10 のようになる．

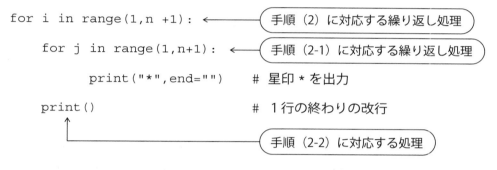

図 **4.10**　asterisk.py プログラムの処理の中心部分

　図 4.10 をプログラムとして完成させた例をソースコード 4.9 に示す．

ソースコード **4.9**　asterisk.py

```
1  # -*- coding: utf-8 -*-
2  """
3  asterisk.py プログラム
4  星印*を複数行出力します
5  """
6  n = int(input("行数を入力:"))
7  for i in range(1, n + 1):
8      for j in range(1, n + 1):
9          print("*", end = "")      # 星印*を出力
10     print()                       # １行の終わりの改行
```

4.2.4　演習問題

①　ソースコード 4.10 に示す aster2.py プログラムを実行すると，どのような出力結果を得るか．

ソースコード **4.10**　aster2.py プログラム

```
1 # -*- coding: utf-8 -*-
2 """
3 aster2.py プログラム
4 """
5 for i in range(5, 0, -1):
6     for j in range(1, i + 1):
7         print("*", end = "")      # 星印*を出力
8     print()                       # 1行の終わりの改行
```

② 　図 4.11 に示すように，斜めに並んだ七つの星印*を出力するプログラム aster3.py を作成せよ．

図 **4.11**　aster3.py プログラムの実行結果 星印が斜めに並んで印字されている

③ 　ソースコード 4.11 に示す aster4.py プログラムは，図 4.12 に示すような出力結果を得ることを意図したプログラムである．ただし，ソースコード 4.11 には誤りがあり，図のような結果を得ることができない．期待したような出力が得られるようにプログラムを修正せよ．

ソースコード **4.11**　aster4.py プログラム（aster4bug.py プログラム，誤りを含んだ不完全版）

```
 1 # -*- coding: utf-8 -*-
 2 """
 3 aster4bug.py プログラム
 4 誤りを含んだ不完全版
 5 """
 6 n = int(input("行数を入力:"))
 7 for i in range(1, n + 1):
 8     for j in range(1, i + 1):
 9         print("*", end = "")      # 空白を出力
10     print()                       # 1行の終わりの改行
11 for i in range(1, n + 1):
12     for j in range(1, i + 1):
13         print("*", end = "")      # 空白を出力
14     print()                       # 1行の終わりの改行
```

行数を入力：<u>2</u> ← 2 を入力した場合、3 行にわたり、
*   それぞれ 1 個, 2 個, 1 個の星印＊を出力

**

*

行数を入力：<u>3</u> ← 3 を入力した場合、5 行にわたり、それぞれ
*   1 個, 2 個, 3 個, 2 個 1 個の星印＊を出力

**

***

**

*

行数を入力：<u>4</u> ← 4 を入力した場合、7 行にわたり、それぞれ
*   1 個, 2 個, 3 個, 4 個, 3 個, 2 個, 1 個の星印＊を出力

**

***

****

***

**

*

図 **4.12** aster4.py プログラムに期待される出力結果
入力された整数の値に従って星印 * を出力する（下線部はキーボードからの入力）

[4 章のまとめ]

① while 文は，繰り返し処理を記述するためのしくみである． for
文と異なり， while 文では繰り返しの条件判定のみを記述する．

② for 文や while 文による繰り返し処理では，繰り返し処理の内部
に新たな繰り返し処理を含むことができる．

5章　関数の利用

[この章のねらい]

　本章では，関数を用いたプログラム分割の概念を扱います．
Python では関数やモジュール，オブジェクトなどの概念を用いて
プログラムを分割することが可能です．ここでは最も基本的な方法
として，関数を用いてプログラムを分割する方法を説明します．

[この章の項目]
　関数によるプログラムの分割
　関数の基本

5.1　関数によるプログラムの分割

5.1.1　関数と関数呼び出し

　Python のプログラムでは，**関数**を利用することができる．Python の関数は，数学における三角関数や対数関数などと同様の概念であり，関数名を指定して引数を与えることで特定の処理を行うことができる仕組みである．

　プログラムから関数を呼び出すには，関数名を用いる．print() 関数や input() 関数などシステムにあらかじめ組み込まれている関数は，関数名を指定するだけで呼び出して利用することができる．関数名の後のカッコ () 内には[18]，関数に与える**引数**を記述する．

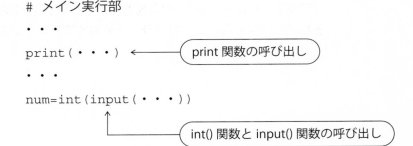

```
# メイン実行部
・・・
print(・・・)          ← print 関数の呼び出し
・・・
num=int(input(・・・))

                        int() 関数と input() 関数の呼び出し
```

　図 **5.1**　関数を呼び出す方法　関数名を指定することで，print () 関数や input () 関数，int () 関数などの定義済みの関数を呼び出すことができる

5.1.2　関数の定義

　あらかじめ定義された以外の関数を新たに作成するには，**関数の定義**を行う．関数の定義は，図 5.2 のような形式で行う．

　関数名の前には，関数定義のためのキーワードである「def」を記述する．関数名の後のカッコ () には，関数が受け取る値を保持する変数のリストを記述する．これらの変数を**引数**と呼ぶ．

　関数の処理の本体は，if 文や for 文などの場合と同様，4 文字分の空白でインデントして配置する．

　関数の返す値は，**return 文**により記述する．関数の返す値は，return 文に記述した式の値である．

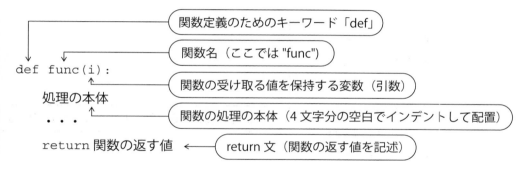

図 **5.2** 関数定義の形式

5.1.3 例題

　関数 f() をソースコード 5.1 のように定義する．関数 f() を用いて，f(1)〜f(10) を計算するプログラム printfunc.py を作成せよ．

ソースコード **5.1** 関数 f() の定義

```
1  # f ()関数
2  def f(i):
3      """4乗の計算"""
4      return i * i * i * i
5  # f ()関数の終わり
```

解答と解説

　printfunc.py プログラムは，for 文等を使って関数 f() を繰り返し呼び出し，関数の返す値を印刷するプログラムである．printfunc.py プログラムを構成した例を，ソースコード 5.2 に示す．

ソースコード **5.2** printfunc.py

```
1  # -*- coding: utf-8 -*-
2  """
3  printfunc.py プログラム
4  関数を使った計算の例題
5
6  """
7  # 下請け関数の定義
8  # f ()関数
9  def f(i):
10     """4乗の計算"""
11     return i * i * i * i
12 # f ()関数の終わり
13
14 # メイン実行部
15 for n in range(1, 11):        # 1から10までの繰り返し
16     print("f(", n, ")=", f(n))
```

```
f ( 1 )= 1
f ( 2 )= 16
f ( 3 )= 81
f ( 4 )= 256
f ( 5 )= 625
f ( 6 )= 1296
f ( 7 )= 2401
f ( 8 )= 4096
f ( 9 )= 6561
f ( 10 )= 10000
```

if(1)〜f(10) の値を計算し、順に出力している

図 **5.3**　printfunc.py プログラムの実行結果

5.1.4　演習問題

①　ソースコード 5.3 の dprint.py プログラムを実行した際の出力結果を示せ.

ソースコード **5.3**　dprint.py プログラム

```
 1 # -*- coding: utf-8 -*-
 2 """
 3 dprint.py プログラム
 4 ２つの関数を使った計算の例題
 5
 6 """
 7 # 下請け関数の定義
 8 # f1()関数
 9 def f1(i):
10     """関数 f1()"""
11     return i * i
12 # f1()関数の終わり
13
14 # f2()関数
15 def f2(i):
16     """関数 f2()"""
17     return i * i * i
18 # f2()関数の終わり
19
20 # メイン実行部
21 for n in range(1, 11):          # 1から10までの繰り返し
22     print("f1(", n, ")=", f1(n), "    ", end = "")
23     print("f2(", n, ")=", f2(n))
```

②　ソースコード 5.4 に示す関数 func1() と func2() を用いて, func1(1)〜func1(10) を出力するプログラム printfunc2.py を作成せよ.

ソースコード **5.4** 関数 func1() と func2()　printfunc2.py の一部

```
1  # 下請け関数の定義
2  # func1 関数
3  def func1 (i):
4      """関数 func1 ()"""
5      return func2( i ) * func2( i )
6  # func1 ()関数の終わり
7
8  # func2 ()関数
9  def func2 (i):
10      """関数 func2 ()"""
11      return i * i * i * i
12 # func2 ()関数の終わり
```

③　ソースコード 5.5 のプログラムは，1 から 10 までの 4 乗の値を計算するつもりで作成したプログラム printbug.py である．このプログラムの誤りを指摘し，プログラムを修正せよ．

ソースコード **5.5**　printbug.py プログラム

```
1  # -*- coding: utf-8 -*-
2  """
3  printbug.py プログラム
4  プログラムエラーを含む例題
5
6  """
7  # 下請け関数の定義
8  # f ()関数
9  def f(i):
10      """4乗の計算"""
11      return i * i * i * i
12 # f ()関数の終わり
13
14 # メイン実行部
15 for n in range(1, 11):        # 1から10までの繰り返し
16     print("f(", n, ")=", func(n))
```

5.2 関数の基本
5.2.1 引数と戻り値

　関数を呼び出す際，関数名に引き続くカッコ内に記述した**引数（実引数）**の値は，関数定義において関数名に続いて記述した**パラメタ（仮引数）**に代入される．複数の引数が存在する場合には，記述した順番に引数（実引数）とパラメタ（仮引数）が対応付けられる．パラメタ（仮引数）は関数内で普通の変数として利用できる（図 5.4）．

　関数内での計算結果など，関数が呼び出し側に返す値を**戻り値**と呼ぶ．戻り値は return 文により呼び出し側に返される（図 5.5）．

　戻り値は一つの値でも良いし，コンマ「,」で区切った複数の値でも良い[19]．

19 Python では，コンマで区切った複数の値は，8 章で説明するタプルを構成する．従って，return の後に複数の値をコンマで区切って並べた場合，関数の返す値はタプルとなる．

呼び出し側

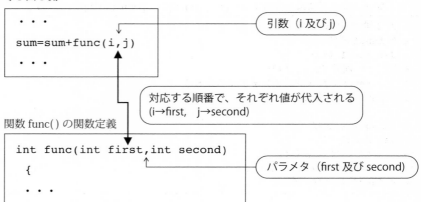

図 **5.4** 引数（実引数）とパラメタ（仮引数）

呼び出し側

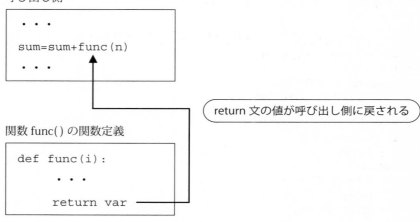

図 **5.5** return 文による戻り値の受け渡し

図 5.5 の例では，関数 func() の戻り値は一つであり，関数 func() 内で変数 var に格納された値である．

　関数によっては，戻り値が存在しないものもある．この場合，値を戻さないため return 文が不要である[20]　（図 5.6）．

5.2.2　変数の通用範囲

　ある関数内部で値を代入されて定義された変数は，その関数内部に限り有効である[21]．この場合，同じ名前の変数が他の関数に表れても，別の変数として扱われる．例えばソースコード 5.6 では，func1() 関数内とメイン実行部内に，同じ名前の変数 num がある．これらの変数は，それぞれ func1() 関数内とメイン実行部内で別々の値が代入されており，これらは別の変数として扱われる[22]．したがってソースコード 5.6 のように，同じ名

20 return 文を省略する代わりに，返す値を記述せずに単に「return」とだけ書いても良い．

21 この制限があるので，別々に作成した関数をひとまとめにして利用しても，異なる関数の間で変数名が重複して処理が混乱するという心配をしなくて済むのである．

22 ただし，もし func1() 関数内で変数 num に代入が行われない場合には，func1() 関数内でメイン実行部の変数 num を参照することは可能である．

```
# printline() 関数
def printline(upperlimit):
    """＊印の出力 """
    for i in range(upperlimit):
        print("*",end="")
    print()
                              ←──── return 文がない（不要）
# printline() 関数の終わり
```

図 **5.6** 戻り値が存在しない関数の例
値を戻さないため，return 文が不要である

前の変数 num が，func1() 関数内とメイン実行部内でそれぞれ異なる値を
保持することが可能である．このような，変数が利用できる範囲のことを，
変数の通用範囲あるいは**スコープ**と呼ぶ．

ソースコード **5.6** 変数の通用範囲の説明例（funcdemo2.py プログラム）

```
1  # -*- coding: utf-8 -*-
2  """
3  funcdemo2.py プログラム
4  変数の通用範囲を説明する例題プログラム
5
6  """
7  # 下請け関数の定義
8  # func1()関数
9  def func1():
10     """変数の通用範囲の確認"""
11     num = 10
12     print("func1()関数内でのnum:", num)
13 # func1()関数の終わり
14
15 # メイン実行部
16 num = 0
17 func1()
18 print("メイン実行部内での num:", num)
```

```
func1()関数内でのnum: 10
メイン実行部内でのnum: 0
```

図 **5.7** funcdemo2.py プログラムの実行結果

5.2.3　例題

図 5.6 に示した printline() 関数を用いて，図 5.8 に示すような出力を行う printa.py プログラムを構成せよ．

```
*
**
***
****
*****
******
*******
********
*********
**********
```

図 **5.8**　printa.py プログラムの実行結果

解答と解説

printline() 関数を用いて図 5.8 のような出力結果を得るには，for 文等による繰り返し処理を用いて printline() 関数を繰り返し呼び出せば良い．ソースコード 5.7 に printa.py プログラムを示す．

ソースコード **5.7**　printa.py プログラム

```
1  # -*- coding: utf-8 -*-
2  """
3  printa.py プログラム
4
5  """
6  # 下請け関数の定義
7  # printline()関数
8  def printline(upperlimit):
9      """*印の出力"""
10     for i in range(upperlimit):
11         print("*", end = "")
12     print()
13 # printline()関数の終わり
14
15 # メイン実行部
16 for i in range(1, 11):        # 1から10までの繰り返し
17     printline(i)
```

5.2.4　演習問題

①　ソースコード 5.8 に示す printa2.py プログラムを実行すると，どのような出力結果を得るか示せ．

ソースコード **5.8**　printa2.py プログラム

```
 1 # -*- coding: utf-8 -*-
 2 """
 3 printa2.py プログラム
 4
 5 """
 6 # 下請け関数の定義
 7 # printline()関数
 8 def printline(upperlimit):
 9     """*印の出力"""
10     for i in range(upperlimit):
11         print("*", end = "")
12     print()
13 # printline()関数の終わり
14
15 # メイン実行部
16 for i in range(1, 5):
17     for j in range(1, 6):
18             printline(j)
```

② 図 5.6 に示した printline() 関数を用いて，入力された数値で指定した個数だけ星印 * を出力するプログラム printbar.py を作成せよ．なお図 5.9 に示すように，入力は 5 回繰り返すものとする．

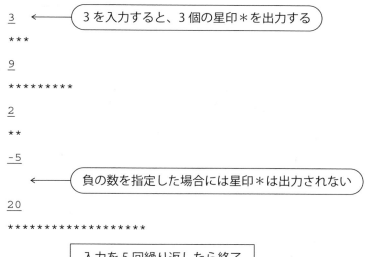

図 **5.9**　printbar.py プログラムの実行例（下線部はキーボードからの入力）

③ ソースコード 5.9 のプログラム printa3bug.py は，図 5.10 に示すように，入力された数字を使って数字の三角形を描くことを意図して作成したプログラムである．しかしバグがあるため，実行することができない．そこで，図 5.10 に示す動作を行うようプログラムを修正せよ．

ソースコード **5.9**　printa3bug.py プログラム
（バグがあるため，実行することができない）

```python
1  # -*- coding: utf-8 -*-
2  """
3  printa3bug.py プログラム
4  このプログラムには誤りがあります
5  """
6  # 下請け関数の定義
7  # printnum()関数
8  def printnum(upperlimit):
9      """数字の出力"""
10     for i in range(upperlimit):
11         print(number, end = "")
12     print()
13 # printnum()関数の終わり
14
15 # メイン実行部
16 num = int(input())
17 for i in range(1, 6):
18     printnum(i)
```

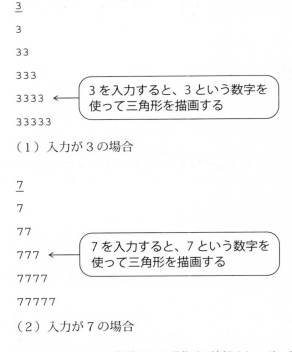

（1）入力が3の場合

（2）入力が7の場合

図 **5.10**　printa3.py プログラムの期待される動作（下線部はキーボードからの入力）

[5章のまとめ]

① Pythonでは，関数やモジュール，オブジェクトなどの概念を用いてプログラムを分割することができる．

② あらかじめ定義された以外の関数を新たに作成するには，関数定義を行う．関数定義において，関数名の前には，関数定義のためのキーワードである「def」を記述する．関数名の後のカッコ（）には，パラメタを記述する．関数の返す値は，return文により記述する．ただし値を戻さない関数では，return文は不要である．

③ 関数を呼び出す際に，関数名に続くカッコ内に記述する変数を引数と呼ぶ．引数の値は，関数定義において記述したパラメタ変数によって，関数内で利用することができる．

④ ある関数内部で定義された変数は，その関数内部に限り有効である．別々の関数に同一名称の変数がそれぞれ定義されていると，両者は異なる変数として扱われる．

6章　基本的データ型とリスト

[この章のねらい]

　本章では，Python における基本的なデータ型と，その利用方法について説明します．また，構造を持った変数の例としてリストを取り上げます．

[この章の項目]

データ型

リストと繰り返し処理

6.1　データ型

Python には，表 6.1 に示す三つの基本的なデータ型が用意されている．このうち，整数の格納には**整数型** (int)，浮動小数点数の格納には**浮動小数点型** (float)，また文字列の格納には**文字列型** (str) を用いる．

表 6.1　Python における基本的なデータ型

形名	説明
整数型 (int)	整数を格納する
浮動小数点型 (float)	浮動小数点数を格納する
文字列型 (str)	文字列を格納する

6.1.1　整数型

整数型 (int) は，桁数制限のない整数[23] を扱うためのデータ型である．整数型の変数や定数に対しては，四則演算やべき乗などの演算子が用意されている．ソースコード 6.1 に，整数の利用方法の例を示す．

[23] 例えば，$2^{1000000}$ (Python の表現では 2**1000000) の値を求める，などといった計算が可能である．

ソースコード 6.1　intex.py プログラム（整数の利用方法の例）

```
 1  # -*- coding: utf-8 -*-
 2  """
 3  intex.py プログラム
 4  整数の利用方法の例
 5
 6  """
 7  # メイン実行部
 8  a = 20
 9  b = 3
10  print(a * b)      # 乗算
11  print(a / b)      # 除算（結果は浮動小数点数）
12  print(a // b)     # 整数の除算（切り捨て）
13  print(a % b)      # 剰余
14  print(a ** 100)   # 20の 100乗
```

```
60
6.666666666666667
6
2
12676506002282294014967032053760000000000000000000000000000
0000000000000000000000000000000000000000000000000000000000
0000000
```

図 6.1　intex.py プログラムの実行結果

6.1.2 浮動小数点型

浮動小数点型 (float) は，小数点や指数を含む数値を扱うことのできる
データ型である．整数型の場合と同様，浮動小数点数に対しても四則演算
やべき乗などの演算子を利用することができる．

6.1.3 文字列型

文字列型 (str) は，文字の並びである文字列を格納することのできるデー
タ型である．文字列の定数は，**シングルクォート**「'」又は**ダブルクォート**
「"」の間に文字列を記述することで構成する．さらに，**トリプルクォート**
「'''」又は「"""」を用いると，改行を含む文字列[24] を記述することもできる．

ソースコード 6.2 に，文字列の利用方法の例を示す．Python では，文字
列に対して**結合演算子**「+」や**繰り返し演算子**「*」を適用することが可能
である．また，インデックスやスライスを用いて，文字列の中の一文字や，
文字列の一部分を切り出すことも可能である．

[24] トリプルクォートを用いる
と，ソースコード上で複数行
に渡る文字列を記述できる．

ソースコード **6.2** strex.py プログラム

```
1  # -*- coding: utf-8 -*-
2  """
3  strex.py プログラム
4  文字列の利用方法の例
5
6  """
7  # メイン実行部
8  a = 'こんにちは！'
9  b = "おはようございます"
10 c = """これは
11 改行を含む
12 文字列の例です"""
13 print(a)
14 print(b)
15 print(c)
16 print(a + b)   # 文字列の結合
17 print(a * 3)   # 文字列の繰り返し
18 print(a[0])    # インデックス（0文字目）
19 print(a[1])    # インデックス（1文字目）
20 print(a[1:4])  # スライス（1文字目から、4文字目の前（3文字目）まで）
21 print(len(a))  # 文字列の文字数（長さ）
```

6.1.4 型変換

異なるデータ型の間で相互に**型変換**を行える場合がある．例えば文字列
で表された数字の並びを整数型に変換するには，int() 関数を用いることが
できる．同様に，文字列で表された小数を含む数値を浮動小数点型に変換
するには，float() 関数を用いることができる．

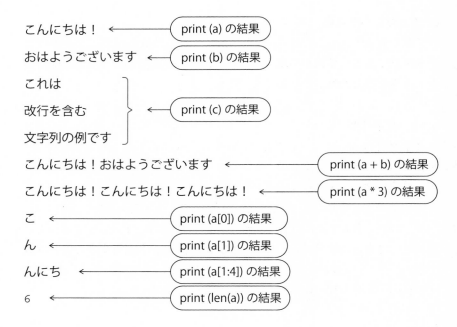

図 **6.2**　strex.py プログラムの実行結果

　ソースコード 6.3 では，入力された文字列が数値を表している場合に，文字列を数値に変換して演算を施す例を示している．

ソースコード **6.3**　castex.py プログラム

```
 1 # -*- coding: utf-8 -*-
 2 """
 3 castex.py プログラム
 4 型変換の利用方法の例
 5
 6 """
 7 # メイン実行部
 8 str = input("文字列を入力：")
 9 print(str * 3)        # 文字列を 3 回繰り返す
10 print(int(str) * 3)   # 整数として 3 倍する
11 print(float(str) * 3) # 浮動小数点数として 3 倍する
```

文字列を入力：<u>123</u>

123123123 ← 文字列を 3 回繰り返す

369 ← 整数として 3 倍する

369.0 ← 浮動小数点数として 3 倍する

（1）castex.py プログラムの実行例　数字を入力した場合

文字列を入力：<u>abc</u>

abcabcabc ← 文字列を 3 回繰り返す

Traceback (most recent call last): ← 変換できずにエラーとなる

    File"castex.py",line 10,in<module>

      print(int(str)*3)　　# 整数として 3 倍する

ValueError:invalid literal for int()with base 10:'abc'

（2）castex.py プログラムの実行例　数字以外を入力した場合（変換できずにエラーとなる）

図 **6.3**　型変換の例（下線部はキーボードからの入力）

6.1.5　例題

　ソースコード 6.4 の floatbug.py プログラムは，0.1 を 100000 回足し合わせた結果を出力するプログラムである．結果は 10000 となることが期待されるが，実際はそうはならない．floatbug.py プログラムの問題点を指摘せよ．

ソースコード **6.4**　floatbug.py プログラム

```
 1  # -*- coding: utf-8 -*-
 2  """
 3  floatbug.py プログラム
 4  浮動小数点数の性質を示すデモプログラム
 5
 6  """
 7  # メイン実行部
 8  floatnum = 0.1
 9  sum = 0
10  for i in range(100000):
11      sum = sum + floatnum
12  print(sum)
```

10000.000000018848 ← ちょうど 10000 にならず、誤差が生じている

図 **6.4**　floatbug.py プログラムの実行結果

解答と解説

　floatbug.py プログラムでは，浮動小数点数の 0.1 を 100000 回足し合わせている．ここで，0.1 は十進数では有限の桁数を持った小数だが，二進数では無限小数（循環小数）となる点に注意が必要である[25]．このため，十進の 0.1 のような小数を含む数の計算においては，**丸め誤差**と呼ばれる，ある種の計算誤差が生じる可能性がある．

　この例だけでなく，例えばほぼ同じ大きさの浮動小数点数を減算すると有効数字が失われる可能性があるなど[26]，浮動小数点数を扱う際には注意が必要である．

25 $(0.1)_{10}$
$= (0.0001100110011\cdots)_2$

26 この現象を**桁落ち**と呼ぶ.

6.1.6　演習問題

①　以下の putnum.py プログラム（ソースコード 6.5）の出力結果を示せ．ただし，

a += b

は，

a = a + b

と同じである．

ソースコード **6.5**　putnum.py プログラム

```
 1 # -*- coding: utf-8 -*-
 2 """
 3 putnum.py プログラム
 4 整数や浮動小数点数の計算
 5 """
 6 # メイン実行部
 7 a = 20
 8 b = 3
 9 c = 2.5
10
11 a += b
12 c *= b
13 print(a)
14 print(c)
15 print(a/b)
16 a //= b
17 print(a)
```

②　整数を読み込んで，二乗，三乗，およびそれらの逆数を出力するプログラム calcn.py を作成せよ．実行例を図 6.5 に示す．

```
数値を入力：2
x*x= 4.0
x*x*x= 8.0
1/(x*x)= 0.25
1/(x*x*x)= 0.125
　（1）　2 を入力した場合

数値を入力：-3
x*x= 9.0
x*x*x= -27.0
1/(x*x)= 0.1111111111111111
1/(x*x*x)= -0.037037037037037035
　（2）　-3 を入力した場合
```

図 **6.5** calcn.py プログラムの実行例（下線部はキーボードからの入力）

③　ソースコード 6.6 の calcn2bug.py プログラムは，入力された数値の 2 倍と 5 倍の値を出力するプログラムとして記述されたプログラムであるが，残念ながら期待通りには動作しない．例えば，calcn2bug.py プログラムに数字の 3 を入力すると，2 倍の 6 や 5 倍の 15 を出力せず，別の出力を与える．数字の 3 を入力した場合の calcn2bug.py プログラムの出力を示すとともに，入力された数値の 2 倍と 5 倍の値を出力するようにプログラムを修正せよ．

ソースコード **6.6**　calcn2bug.py プログラム

```python
1  # -*- coding: utf-8 -*-
2  """
3  calcn2bug.py プログラム
4  このプログラムはバグがあります
5  """
6  # メイン実行部
7  x = input("数値を入力：")
8  # 二倍、五倍の出力
9  print("x*2=",x * 2)
10 print("x*5=",x * 5)
```

6.2　リストと繰り返し処理

6.2.1　リスト

　リストは，複数の変数の並びである．ソースコード 6.7 にリストの例を示す．Python のリストは，0 個以上の要素をカンマで区切ってカッコ [] の中に並べることで定義することができる．リストの要素は，数値だけでなく文字列やリストでも良い．要素を持たない空のリストは，list() 関数を用いて作成することもできる[27]．リストには，append() メソッドを用いる

27 さらに，リスト内包表記という記法を用いて，さまざまな値を要素とするリストを作成することもできる．リスト内包表記については，9 章で改めて取り上げる．

　　ことで，要素を追加することができる．リストの要素は，カッコ [] を用い
てオフセットを指定することで取り出すことができる．この場合，先頭の
要素がオフセット 0 であり，2 番目の要素がオフセット 1 である．

ソースコード 6.7　listex.py プログラム

```
 1  # -*- coding: utf-8 -*-
 2  """
 3  listex.py プログラム
 4  リストの利用方法の例
 5
 6  """
 7  # メイン実行部
 8  numlist = [1, 3, 2, 6, -1, 9]           # 整数の要素からなるリスト
 9  print(numlist)                          # numlist の内容を出力
10  print(numlist[0], numlist[3])           # numlist の 0 番目と
        3番目を出力
11
12  strlist = ["黒", "茶", "赤", "橙"]       # 文字列からなるリスト
13  print(strlist)                          # strlist の内容を出力
14  print(strlist[1])                       # strlist の 1 番目を出力
15
16  datalist = [99, "番号", -20, "終わり"]   # 数字と文字列の混在
17  print(datalist[0], datalist[1])         # datalist の 0 番目と
        1番目を出力
18
19  newlist =[]                             # 空のリスト
20  newlist.append(10)                      # 空のリストへの要素の追加
21  newlist.append(20)                      # リストへの要素の追加
22  newlist.append(["文字列 1", "文字列 2"]) # リストへのリストの追加
23  newlist2 = list()                       # 空のリストその 2
24  newlist2.append("文字列を追加")          # 要素の追加
25  print(newlist, newlist2)                # newlist と newlist2
        を出力
```

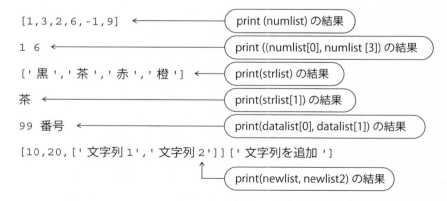

図 6.6　リストの作成と参照の例（listex.py プログラムの実行結果）

6.2.2 リストに対する繰り返し処理

リストの各要素について同じ処理を繰り返すには，繰返し処理を用いればよい．例えば，ソースコード 6.8 の vector.py プログラムでは，1 次元のベクトルを意図したリストである vector の各要素を 10 倍するのに，[] によるオフセットの指定と for 文による繰り返し処理を用いている．

ソースコード **6.8**　vector.py プログラム

```
1 # -*- coding: utf-8 -*-
2 """
3 vector.py プログラム
4 繰り返し処理によるリストの操作例 (1)
5 """
6 # メイン実行部
7 vector = [3, 1, 4, 1, 5, 9, 2, 6, 5, 3]
8 for i in range(len(vector)): # リストの長さだけ繰り返す
9     print(vector[i] * 10)     # 各要素を 10倍
```

```
30
10
40
10
50
90
20
60
50
30
```

図 **6.7**　繰り返し処理によるリストの操作 (1)　vector.py プログラムの実行結果

ソースコード 6.9 の例では，行列を意図したリストである matrixa と matrixb の和を求めている．

ソースコード **6.9**　matrix.py プログラム

```
1 # -*- coding: utf-8 -*-
2 """
3 matrix.py プログラム
4 繰り返し処理によるリストの操作例 (2)
5 """
6 # メイン実行部
7 matrixa = [[3, 1, 4], [1, 5, 9], [2, 6, 5]]
8 matrixb = [[2, 7, 1], [8, 2, 8], [1, 8, 0]]
9 for i in range(3): # 繰り返し
10     for j in range(3):
11         print(matrixa[i][j] + matrixb[i][j], end = "")
12         print("    ", end = "")
13     print()
```

```
5      8      5
9      7      17
3      14     5
```

図 **6.8**　matrix.py プログラムの実行結果

6.2.3　リストの要素の指定方法

　Python では，繰り返しの際のリストの要素の指定をオフセットの数値で
指定するのではなく，リストの各要素を直接指定することで指定すること
も可能である．ソースコード 6.10 に，ソースコード 6.8 の vector.py プロ
グラムを各要素を直接指定する方法で書き直した例を示す．

　ソースコード 6.10 の vector2.py プログラムでは，for 文による繰り返し
を次のように記述している．

ソースコード **6.10**　vector2.py プログラム

```python
 1  # -*- coding: utf-8 -*-
 2  """
 3  vector2.py プログラム
 4  繰り返し処理によるリストの操作例 (3)
 5  range()関数を使わない場合
 6  """
 7  # メイン実行部
 8  vector = [3, 1, 4, 1, 5, 9, 2, 6, 5, 3]
 9  for i in vector:      # vector の各要素について繰り返す
10      print(i * 10)     # 各要素を 10倍
```

```
30
10
40
10
50
90
20
60
50
30
```

図 **6.9**　vector2.py プログラムの実行結果

```python
for i in vector:        # vector の各要素について繰り返す
    print(i * 10)       # 各要素を 10倍
```

この例のように，要素をオフセットの数値で vector[0] や vector[1] のように指定するのではなく，vector の各要素を変数 i として，変数 i について繰り返し処理を適用するように記述することが可能である．

6.2.4 例題

以下に示したリスト ary について，各要素の逆数の和を計算するプログラム isum.py を作成せよ．ただし，計算対象とする要素の値はすべて 0 より大きい値であるものとする．

```
ary=[2,7,1,8,2,8,1,8]    # 処理対象リスト
```
計算対象とする要素の値はすべて 0 より大きい値

図 **6.10** 処理対象リスト ary

解答と解説

isum.py プログラムを構成した例をソースコード 6.11 に示す．

ソースコード **6.11** isum.py プログラム

```
 1 # -*- coding: utf-8 -*-
 2 """
 3 isum.py プログラム
 4 逆数の和を求めます
 5 """
 6 # メイン実行部
 7 ary =[2, 7, 1, 8, 2, 8, 1, 8]   # 処理対象リスト
 8 # 逆数の和の計算
 9 sum = 0.0
10 for i in ary:
11     sum += 1.0 / i
12 print("逆数の和:", sum)
```

逆数の和: 3.517857142857143

図 **6.11** isum.py プログラムの実行結果

演習問題

① ソースコード 6.12 の listmul.py プログラムを実行した結果を示せ．ただし，プログラム中の zip() 関数は，複数のリストの要素をまとめて扱うための関数である．

ソースコード **6.12**　listmul.py プログラム

```
1 # -*- coding: utf-8 -*-
2 """
3 listmul.py プログラム
4 """
5 # メイン実行部
6 ary1 =[2, 7, 1, 8, 2, 8, 1, 8]
7 ary2 =[3, 1, 4, 1, 5, 9, 2, 6]
8 for i, j in zip(ary1, ary2):
9     print(i * j)
```

②　ソースコード 6.13 のソースコードの「空欄 A」〜「空欄 C」を穴埋めして，図 6.12 に示すような出力を与える matrix2.py プログラムを作成せよ．

ソースコード **6.13**　matrix2.py プログラム

```
1 # -*- coding: utf-8 -*-
2 """
3 matrix2.py プログラム
4 """
5 # メイン実行部
6 matrix = [「空欄A」, 「空欄B」, 「空欄C」]
7 for l in matrix: # 繰り返し
8     for s in l:
9         print(s)
```

```
3
1
4
1
5
9
2
6
5
```

図 **6.12**　matrix2.py プログラムの実行結果

[6章のまとめ]

① Python には，整数型 (int)，浮動小数点型 (float)，および文字列型 (str) の，三つの基本的なデータ型が用意されている.

② 整数型 (int) は，桁数制限のない整数を扱うためのデータ型である.

③ 浮動小数点型 (float) は，小数点や指数を含む数値を扱うことのできるデータ型である.

④ 文字列型 (str) は，文字の並びである文字列を格納することのできるデータ型である.

⑤ リストは，変数の集まりである. リストは， 0 個以上の要素をカンマで区切ってカッコ [] の中に並べることで定義することができる. リストの要素は，数値だけでなく文字列やリストでも良い.

⑥ リストの各要素について同じ処理を繰り返すには，繰返し処理を用いればよい. この際， [] によるオフセットの指定を用いたり， in 演算子による要素の指定を用いたりすることができる.

7章　数値と文字列

[この章のねらい]

　本章では，基本的なデータ型から派生する様々なデータ型について，その利用方法について説明します．また，モジュールを読み込んで Python の機能を拡張する例を示します．

[この章の項目]

さまざまな数値の扱い
文字列の扱い

7.1　さまざまな数値の扱い

7.1.1　2 進数・8 進数・16 進数

Python の**整数型** (int) では，基数として 10 以外の値を利用することができる．つまり，10 進数以外に，**2 進数**や **8 進数**，**16 進数**を利用することが可能である．ソースコード 7.1 にこれらの例を示す．

ソースコード **7.1**　binhex.py プログラム

```
 1 # -*- coding: utf-8 -*-
 2 """
 3 binhex.py プログラム
 4 2進数や 8進数、 16進数の利用
 5 """
 6 # メイン実行部
 7 bindata = 0b10011010 # 2進数は先頭に 0b 又は 0B を置く
 8 octdata = 0o37       # 8進数は先頭に 0o 又は 0O を置く
 9 decdata = 97         # 10進数
10 hexdata = 0xaf       # 16進数は先頭に 0x 又は 0X を置く
11
12 print(bindata, octdata, decdata, hexdata) # 10進数として出力
13
14 print(bindata + decdata)                  # 10進数として出力
15
16 print(bin(octdata))                       # 2進数として出力
17 print(format(hexdata, 'o'))               # 8進数として出力
18 print(format(bindata, 'x'))               # 16進数として出力
```

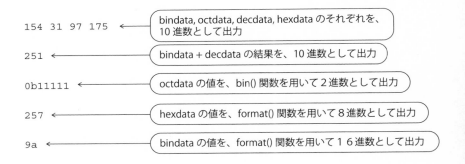

図 **7.1**　binhex.py プログラムの実行結果

ソースコード 7.1 では，2 進数や 8 進数，16 進を変数に格納した上で，print() 関数による出力や演算結果の出力を行っている．また，bin() 関数や format() 関数を用いることで，基数を変換して出力する例を示している．

7.1.2　複素数型・ブール型

Python では，整数型 (int) や浮動小数点型 (float) の他に，**複素数型** (complex) やブール型 (bool) などを扱うことができる. ソースコード 7.2 にこれらの例を示す.

ソースコード **7.2** complexbool.py プログラム

```
 1 # -*- coding: utf-8 -*-
 2 """
 3 complexbool.py プログラム
 4 複素数型 (complex)やブール型 (bool)の利用例
 5 """
 6 # メイン実行部
 7 # 複素数型の扱い
 8 print("複素数型")
 9 c1 = 1 + 5j           # 虚数単位はj で表示する
10 c2 = 2 - 1j           # 虚部の1は省略できない
11 print(c1, c2, c1 + c2) # 出力と演算の例
12 print(c1.real, c1.imag)# 実部と虚部の取り出し
13 print()
14
15 # ブール型の扱い
16 print("ブール型")
17 b1 = True             # True （真）
18 b2 = False            # False （偽）
19 print(b1, b2)         # 値の出力
20 if b1:                # if 文での利用
21     print("真")
22 else:
23     print("偽")
```

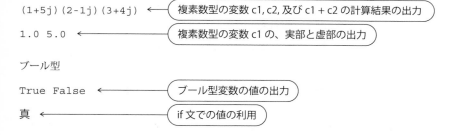

図 **7.2** complexbool.py プログラムの実行結果

ソースコード 7.2 では，複素数型の変数の作成方法や出力方法，および計算結果の出力などの方法を示している．またブール型変数の値の設定や if 文での利用方法を示している．

7.1.3 モジュールの利用

Python では，モジュールをインポート (import) する，すなわち読み込

むことで機能を拡張することができる．さまざまなモジュールが用意され
ているが，例えば **Fractions** モジュール[28] を用いると，分数の計算を行う
ことができる．ソースコード 7.3 に例を示す.

ソースコード **7.3**　fractionex.py プログラム

```
 1 # -*- coding: utf-8 -*-
 2 """
 3 fractionex.py プログラム
 4 fractions モジュールによる分数の計算例
 5 """
 6 # モジュールのインポート
 7 import fractions
 8
 9 # メイン実行部
10 # 3/9と 14/21の約分
11 print(fractions.Fraction(3, 9), fractions.Fraction(14, 21))
12 # 1/2 + 1/7の計算
13 print(fractions.Fraction(1, 2) + fractions.Fraction(2, 7))
14 # 2/3 * 3/10の計算
15 print(fractions.Fraction(2, 3) * fractions.Fraction(3, 10))
16 # float 型からの変換
17 print(fractions.Fraction(0.125), fractions.Fraction(0.1))
```

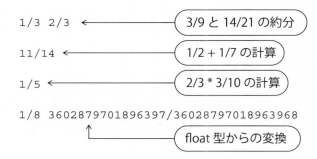

図 **7.3**　fractionex.py プログラムの実行結果

　ソースコード 7.3 に示した fractionex.py プログラムでは，7 行目の次の
記述によって fractions モジュールを読み込んでいる.

```
# モジュールのインポート
import fractions
```

fractions モジュールを利用する場合，分数は次のように表現する.

```
3/9  →  fractions.Fraction(3, 9)
14/21  →  fractions.Fraction(14, 21)
```

これらの値は, print() 関数で出力する際に約分される. また, このように表現した分数どうしに演算を施すことも可能である. さらに, float 型の浮動小数点数を分数に変換することも可能である.

7.1.4 例題

図 7.4 のように, 2 進数と 16 進数をそれぞれ読み込んで 10 進数に変換するプログラムである binhex2.py を示せ.

```
2進数を入力:0b1101
10進表現： 13
16進数を入力:0xa0
10進表現： 160
```

図 **7.4** 2 進数と 16 進数をそれぞれ読み込んで 10 進数に変換するプログラム binhex2.py の実行例 (下線はキーボードからの入力)

解答と解説

ソースコード 7.4 に binhex2.py のプログラム例を示す. binhex2.py プログラムでは, input() 関数で数値を入力する際に, 「base =」という引数を与えることで基数を指定している.

ソースコード **7.4** binhex2.py のプログラム例

```
1  # -*- coding: utf-8 -*-
2  """
3  binhex2.py プログラム
4  2進数や8進数、16進数の利用 (2)
5  """
6  # メイン実行部
7  bindata = int(input("2進数を入力:"), base = 2)
8  print("10進表現：", bindata)
9
10 hexdata = int(input("16進数を入力:"), base = 16)
11 print("10進表現：", hexdata)
```

7.1.5 演習問題

① ソースコード 7.5 に示す boolex.py プログラムを実行すると, どのような出力が得られるか. プログラムの出力結果を示せ.

ソースコード **7.5**　boolex.py プログラム

```python
1 # -*- coding: utf-8 -*-
2 """
3 boolex.py プログラム
4 真理値の扱い
5 """
6 # メイン実行部
7 valex = [0, 1, -1, 10, 0.0, 3.14, "mojiretu" ,""] # 様々な値を設定
8 for item in valex:# それぞれの要素について繰り返す
9     print(item, ":", end = "")
10    if item: # 各要素の真理値 (True 又は False)を判定
11        print("True")
12    else:
13        print("False")
```

② 　fractions モジュールを用いて，図 7.5 に示すような分数計算を行うプログラムである fractionex2.py を作成せよ．fractionex2.py では，二つの分数を読み込んで[29]，両者の和と積を出力する．

29 分数の入力には，まず，input() 関数を用いて分数を文字列として入力し，その結果を Fraction() を利用して分数に変換すればよい．
例
frac1 = input("分数 1 を入力：")
print(fractions.Fraction(frac1))

```
分数 1を入力：2/3
分数 2を入力：3/5
和： 19/15
積： 2/5
```

図 **7.5**　fractionex2.py プログラムの実行例（下線部はキーボードからの入力）

③ 　6 章例題 6.1 で示したように，浮動小数点数による表現には丸め誤差が含まれる場合がある．これに対して，10 進演算を正確に実行するためには，decimal モジュール[30] を利用すればよい．

　ソースコード 7.6 に示す decimalex.py プログラムでは，decimal モジュールを利用して十進小数の 0.1 を 10 万回加え合わせている．decimalex.py プログラムを実行し，結果を確認せよ．

30 decimal モジュールも，標準ライブラリに含まれている．

ソースコード **7.6** decimalex.py プログラム

```
 1  # -*- coding: utf-8 -*-
 2  """
 3  decimalex.py プログラム
 4  10進演算を正確に実行するためのモジュールであるdecimal モジュール
 5  のデモプログラム
 6
 7  """
 8  # モジュールのインポート
 9  import decimal
10
11  # メイン実行部
12  print("0.1を 100000回足し合わせる")
13
14  # float 型による実行
15  print("float 型による実行")
16  floatnum = 0.1
17  sum = 0
18  for i in range(100000):
19      sum = sum + floatnum
20  print(sum)
21
22  # decimal モジュールを用いた実行
23  print("decimal モジュールを用いた実行")
24  decnum = decimal.Decimal("0.1")
25  sum = decimal.Decimal("0.0")
26  for i in range(100000):
27      sum = sum + decnum
28  print(sum)
```

7.2 文字列の扱い

7.2.1 文字列の処理

Python では，文字列を処理するための多様なしくみが用意されている．ソースコード 7.7 に示す strex2.py プログラムは，そのうちのいくつかについての利用方法を示している．

strex2.py プログラムで用いているのは，文字列の出現回数を数える count()，文字列を置き換える replace()，および文字列が出現する場所を検索する find() である．

ソースコード **7.7** strex2.py プログラム

```
 1  # -*- coding: utf-8 -*-
 2  """
 3  strex2.py プログラム
 4  文字列の利用方法の例その２
 5
 6  """
 7  # メイン実行部
 8  str = """春はあけぼの　春はあけぼの　春はあけぼの
 9  夏は夜　夏は夜　夏は夜　夏は夜"""
10
```

```
11  print("原文")
12  print(str)
13  print()
14  print("「夏は」の出現回数を数える")
15  print(str.count("夏は"), "回")
16  print()
17  print("「夏」を「春」に置き換える")
18  print(str.replace("夏","春"))
19  print()
20  print("「夏」を「春」に 1回だけ置き換える")
21  print(str.replace("夏","春", 1))
22  print()
23  print("最初の「あ」を検索する")
24  print("「あ」は",str.find("あ"),"文字目")
25  print()
26  print("3文字目以降の「あ」を検索する")
27  print("3文字目以降の「あ」は",str.find("あ", 3),"文字目")
```

原文
春はあけぼの　春はあけぼの　春はあけぼの
夏は夜　夏は夜　夏は夜　夏は夜

「夏は」の出現回数を数える
4 回　←─────────────────────　count() による文字列出現回数の数え上げ

「夏」を「春」に置き換える
春はあけぼの　春はあけぼの　春はあけぼの
春は夜　春は夜　春は夜　春は夜　←────　replace () による文字列の置き換え（すべて）

「夏」を「春」に 1 回だけ置き換える
春はあけぼの　春はあけぼの　春はあけぼの
春は夜　夏は夜　夏は夜　夏は夜　←────　replace () による文字列の置き換え（1 回のみ）

最初の「あ」を検索する
「あ」は 2 文字目　←────────────　find () による文字列の検索（先頭から）

3 文字目以降の「あ」を検索する
3 文字目以降の「あ」は 9 文字目　←───　find () による文字列の検索（3 文字目以降）

図 **7.6**　strex2.py プログラムの実行結果

7.2.2　正規表現

　正規表現を用いると，文字列のパターンを柔軟に表現することができる．
Python では，re モジュールをインポートすることで正規表現を利用する
ことができる．ソースコード 7.8 に，正規表現を利用する例題プログラム
である reex.py を示す．

　ソースコード 7.8 では，正規表現を利用する例を示している．例えば find-

ソースコード **7.8** reex.py プログラム

```
 1  # -*- coding: utf-8 -*-
 2  """
 3  reex.py プログラム
 4  re モジュールを用いた正規表現の利用例
 5  """
 6  # モジュールのインポート
 7  import re
 8
 9  # メイン実行部
10  str = """春はあけぼの　春はあけぼの　春はあけぼの
11  夏は夜　夏は夜　夏は夜　夏は夜"""
12
13  # match()による検索
14  print(re.match("春は", str).group())
15
16  # findall()による検索
17  print(re.findall(".は", str))
18
19  # sub()による置き換え
20  print(re.sub(".は", "これは", str))
```

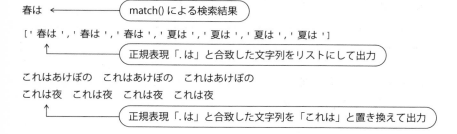

図 **7.7** reex.py プログラムの実行結果

all() による検索において，reex.py プログラムでは，次のように記述している．

```
# findall()による検索
print(re.findall(".は", str))
```

これは，正規表現「.は」と合致した文字列をリストにして出力することを意味する．正規表現に用いる代表的な記号の意味を表 7.1 に示す．ここでは結果として，正規表現「.は」と一致した，「春は」及び「夏は」という 2 種類の文字列が抽出されている．

表 **7.1**　正規表現に用いる代表的な記号の意味

記号	意味
.	改行以外の任意の一文字
*	任意の個数の直前の文字
+	一個以上の直前の文字

7.2.3　例題

あるシステムでは，ユーザ名として次のような形式の文字列を要求する．

名前@所属

この時，名前とアットマーク「@」は省略できないが，所属は省略可能であるという．有効なユーザ名の例は以下の通りである．

田中@A 大学　佐藤@日本　鈴木@

同様に，無効なユーザ名の例は以下の通りである．

田中　@日本

re モジュールを用いて，入力されたユーザ名が有効か無効かを判定するプログラム reex2.py を作成せよ．

解答と解説

reex2.py プログラムを構成した例をソースコード 7.9 に示す．

ソースコード **7.9**　reex2.py プログラム

```
1 # -*- coding: utf-8 -*-
2 """
3 reex2.py プログラム
4 re モジュールを用いた正規表現の利用例(2)
5 """
6 # モジュールのインポート
7 import re
8
9 # メイン実行部
10 str = input("検査対象文字列を入力：")
11
12 if re.match(".+@.*", str):
13     print("有効なユーザ名")
14 else:
15     print("無効なユーザ名")
```

```
検査対象文字列を入力：佐藤@日本
有効なユーザ名

検査対象文字列を入力：鈴木@
有効なユーザ名

検査対象文字列を入力：田中
無効なユーザ名

検査対象文字列を入力：@日本
無効なユーザ名
```

図 **7.8** reex2.py プログラムの実行例（下線はキーボードからの入力）

reex2.py プログラムでは，re.match() を用いて，入力された文字列と正規表現「.+@.*」を比較している．正規表現「.+@.*」は，@の前に 1 文字以上の文字の繰り返しがあり，@の後ろに 0 文字以上の文字の繰り返しがある文字列を表現している．

7.2.4 演習問題

① あらかじめプログラムに組み込まれた文字列について，入力された文字パターンが何文字目に出現するかを調べるプログラム strex3.py を示せ．ただし，strex3.py プログラムでは正規表現は利用しないものとする．図 7.9 に strex3.py プログラムの実行例を示す．

```
検索対象文字列
春はあけぼの　春はあけぼの　春はあけぼの
夏は夜　夏は夜　夏は夜　夏は夜
検索する文字パターンを入力：あけぼの
2 文字目
9 文字目
16 文字目

（1）実行例 1　「あけぼの」を検索

検索対象文字列
春はあけぼの　春はあけぼの　春はあけぼの
夏は夜　夏は夜　夏は夜　夏は夜
検索する文字パターンを入力：夜
23 文字目
27 文字目
31 文字目
35 文字目

（2）実行例 2　「夜」を検索
```

図 **7.9** strex3.py プログラムの実行例（下線はキーボードからの入力）

② 　正規表現を用いた文字列検索の例である reex3.py プログラム（ソースコード 7.10）について，以下の問いに答えよ

問 1 　reex3.py プログラムの実行結果を示せ
問 2 　reex3.py プログラムを書き換えて，str に含まれるひらがなを 1 文字ずつ分離してリストとして出力するプログラム reex4.py プログラムを示せ

ソースコード 7.10 　reex3.py プログラム

```
1  # -*- coding: utf-8 -*-
2  """
3  reex3.py プログラム
4  re モジュールを用いた正規表現の利用例(3)
5  """
6  # モジュールのインポート
7  import re
8
9  # メイン実行部
10 str = """春はあけぼの　春はあけぼの　春はあけぼの
11 夏は夜　夏は夜　夏は夜　夏は夜"""
12
13 print(re.findall("[ぁ-ん]+",str))
```

[7章のまとめ]

① Python の整数型 (int) では，10 進数以外に，2 進数や 8 進数，16 進数を利用することが可能である．

② Python では，複素数型 (complex) やブール型 (bool) などを扱うことができる．

③ Python では，モジュールをインポートする，すなわち読み込むことで機能を拡張することができる．

④ Fractions モジュールを用いると，分数の計算を行うことができる．

⑤ Python では，count() や replace(),find() 等の，文字列を処理するための多様なしくみが用意されている．

⑥ Python では，re モジュールをインポートすることで，正規表現を利用することができる．

8章 さまざまなデータ構造

[この章のねらい]

本章では，さまざまなデータ構造について説明します．具体的には，リスト，タプル，辞書，集合について，その性質と使い方を説明します

[この章の項目]

リストとタプル
辞書と集合

8.1　リストとタプル

8.1.1　リストの操作

　リストの基本的な利用方法については既に6章で扱ったが，Python には，リストを操作するための様々な仕組みが用意されている．ソースコード 8.1 に，リスト操作の例を示す例題プログラムである listex2.py を示す．

ソースコード **8.1**　listex2.py プログラム

```python
1  # -*- coding: utf-8 -*-
2  """
3  listex2.py プログラム
4  リストの利用方法の例　その2
5
6  """
7  # メイン実行部
8  numlist = [1, 3, 2, 6, -1, 9]  # 整数の要素からなるリスト
9
10 # numlist の内容を出力
11 print("numlist[]：",numlist)
12
13 # 最後尾の要素（numlist[-1]）の取出しと削除
14 print("pop()による取出し：",numlist.pop())
15 print("numlist[]：",numlist)
16
17 # in による要素の存在確認と場所の確認
18 print("要素「3」はnumlist[]に含まれるか？")
19 if 3 in numlist:# 3があれば
20     print(" 要素「3」が存在")
21     print(" 場所：",numlist.index(3))
22
23 # 要素数の数え上げ
24 numlist.extend([3, 1, 3, 2]) # 整数をリストに追加
25 print("numlist[]：",numlist)
26 print(" 要素「3」の個数：", numlist.count(3))
27
28 # リストの整列
29 print("numlist[]を整列")
30 numlist.sort()
31 print("昇順：",numlist)
32 numlist.sort(reverse = True)
33 print("降順：",numlist)
```

　ソースコード 8.1 では，numlist[] というリストに対して，pop(),in, index(), extend(),count(), 及び sort() を用いてさまざまな処理を行っている．

　pop() を用いると，リストの最後尾の要素を取出して削除することができる．ここで numlist[] の最後尾の要素は numlist[-1] と指定することができるので，pop() は numlist[-1] を取り出して削除すると言い換えることができる．pop() と append() を利用すると，リストをスタック[31] のように利用することが可能である．

31 スタックは，最後に入れた項目が最初に出て来るようなデータ構造である．

```
numlist[] : [1,3,2,6,-1,9]
pop() による取出し : 9  ←──[ pop() による最後尾の要素（numlist[-1]）の取出しと削除 ]
numlist[] : [1,3,2,6,-1]
```
要素「3」は numlist[] に含まれるか？
```
    要素「3」が存在  ←──[ in による要素の存在確認と、index() による場所の確認 ]
    場所 : 1
numlist[] : [1,3,2,6,-1,3,1,3,2]
    要素「3」の個数 : 3  ←──[ extend() による要素の追加と、count() による数え上げ ]
numlist[] を整列
    昇順 : [-1,1,1,2,2,3,3,3,6]
    降順 : [6,3,3,3,2,2,1,1,-1]  ←──[ sort() による整列 ]
```

図 **8.1** listex2.py プログラムの実行結果

　図 8.1 の実行結果では，numlist[-1] にあたる最後尾の要素「9」を取り出して出力し，numlist[] から取り除いている様子が確認できる．

　in を用いると，リスト中に要素が存在するかどうかを確認できる．listex2.py プログラムでは，in を用いて整数の「3」が numlist[] 中にあるかどうかを調べ，index() を用いて場所を確認している．

　extend() を用いると，リストに要素を追加することができる．listex2.py プログラムでは，extend() を用いて numlist[] に要素を追加し，count() を用いて整数の「3」がリスト中に何個存在するかを数え上げている．

　プログラムの最後では，sort() を用いて numlist[] を整列している．sort() では，昇順または降順の整列が可能である．

8.1.2　タプル

　タプルは，リストと同じように，変数の集まりを一括して利用するための仕組みである[32]．タプルを作成するには，構成要素をカンマ「,」で区切って並べたものを変数に代入する．通常，タプルを作成する際には，構成要素の並びを丸カッコ「()」で囲う．タプルの構成要素には，数値や文字など，リストの場合と同様に多様なデータ型が利用可能である．

　タプルの利用例をソースコード 8.2 に示す．

　tupleex.py プログラムでは，タプルの**アンパック**を利用して[33]，次のようにして一つのタプルから複数の変数に値を代入している．ここでアンパックとは，タプルから複数の値を取り出して，それぞれ別々の変数に代入するための仕組みである．なおアンパックは，リストにも利用可能である．

```
first, second, third = datatuple        # タプルのアンパック
```

　以上のようにタプルはリストと良く似ているが，タプルはリストと異な

[32] 後述するように，タプルとリストの違いは，リストが書き換え可能なのに対して，タプルは書き換えできない点にある．

[33] 関数の戻り値がタプルの場合，アンパックを利用して複数の戻り値を一度に複数の変数に代入することが可能である．

ソースコード **8.2**　tupleex.py プログラム

```
1 # -*- coding: utf-8 -*-
2 """
3 tupleex.py プログラム
4 タプルの利用方法の例
5
6 """
7 # メイン実行部
8 numtuple = (1, 3, 2, 6, -1, 99)        # 整数の要素からなるタプル
9 print(numtuple)                        # numtuple の内容を出力
10 print(numtuple[0], numtuple[3])       # numtuple の0番目と
        3番目を出力
11
12 strtuple = ("黒", "茶", "赤", "橙")     # 文字列からなるタプル
13 print(strtuple)                        # strtuple の内容を出力
14 print(strtuple[1])                     # strtuple の1番目を出力
15
16 datatuple = (99, "番号", -20)          # 数字と文字列の混在
17 first, second, third = datatuple       # タプルのアンパック
18 print(first, second, third)            # 内容の確認
```

```
(1,3,2,6,-1,99)

1 6  ←──────  numtuple の0番目と3番目を出力

('黒','茶','赤','橙')

茶   ←──────  strtuple の1番目を出力

99 番号 -20  ←──────  タプルをアンパックした結果を出力
```

図 **8.2**　tupleex.py プログラムの実行結果

り定義後に書き換えることができない．Python において，後で書き換えの
できない性質を**イミュータブル (immutable)** であると言う．逆に，後から
書き換えができる性質を**ミュータブル (mutable)** であると言う．タプルは
イミュータブルであり，リストはミュータブルである．このため，タプル
はプログラム実行中に書き換えが発生しない定数のようなデータを記述す
るのに用い，リストは変更を伴う通常の変数のようなデータを記述するの
に用いる．

8.1.3　例題

　以下のように，空のリストを用意し，append () と pop() を適用するこ
とでリストをスタックとして利用することを考える．

```
stack = [ ]   # 空のリスト（スタックとして利用）

stack.append(data)     # スタックへの要素の追加
stack.pop()            # スタックからもデータの取り出し
```

これらを用いて，図 8.3 のように，入力された数値が逆順に取り出さる
ようなプログラムである stack.py を構成せよ．

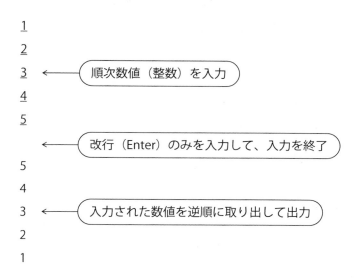

1
2
3 ← 順次数値（整数）を入力
4
5
  ← 改行（Enter）のみを入力して、入力を終了
5
4
3 ← 入力された数値を逆順に取り出して出力
2
1

図 **8.3** stack.py プログラムの実行例

解答と解説

ソースコード 8.3 に stack.py プログラム例を示す．stack.py プログラム
では，スタックとして利用するためのリストである stack[] を用意し，ap-
pend() を用いて入力データを stack[] に追加している．改行（Enter）のみ
が入力されて入力が終わったら，pop() を用いて stack[] からデータを取り
出している．

ソースコード 8.3　stack.py プログラム

```
1  # -*- coding: utf-8 -*-
2  """
3  stack.py プログラム
4  スタックの構成方法
5
6  """
7  # メイン実行部
8  stack = [ ]    # 空のリスト（スタックとして利用）
9
10 # スタックにデータを積み上げる（append()）
11 while True :    # 繰り返し
12     data = input()
13     if not data :      # 入力終了
14         break
15     stack.append(int(data))       # スタックへの要素の追加
16
17 # スタックからデータを取り出す（pop()）
18 while stack:
19     print(stack.pop())
```

8.1.4　演習問題

① 　図 8.4 に示すように，入力された浮動小数点数を降順に整列して出力するプログラムである sortfloat.py を示せ.

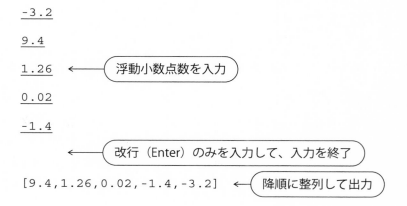

図 8.4　sortfloat.py プログラムの動作例

② 　ソースコード 8.4 に示す listex3.py プログラムは，リスト numlist[] に要素を追加して以下のように変更する意図で作成したプログラムである.

```
元のnumlist[]      追加後のnumlist[]
[1, 3, 2]    →    [1, 3, 2, 6, -1, 9]
```

　しかし実際には，追加後の numlist[] は上記のようにはならない．そこで，ソースコード 8.4 の listex3.py プログラムの実行結果を示すとともに，上記のように numlist[] を書き換えるプログラムである listex4.py を作成せよ．

ソースコード **8.4** listex3.py プログラム

```
1 # -*- coding: utf-8 -*-
2 """
3 listex3.py プログラム
4 リストの利用方法の例 その3
5
6 """
7 # メイン実行部
8 numlist = [1, 3, 2]    # 整数の要素からなるリスト
9
10 # numlist の内容を出力
11 print("numlist[]：",numlist)
12
13 # 要素の追加
14 numlist.append([6, -1, 9])    # append()による追加
15 print("numlist[]：",numlist)
```

8.2　辞書と集合

8.2.1　辞書

　辞書[34] (**dict**) は，キーと値の組を要素とするデータ構造である．ソースコード 8.5 に辞書を利用する dictex.py プログラムを示す．

　dictex.py プログラムでは，dic という名称の辞書を作成している．辞書の要素は，キーと値を組みにして間にコロン「:」を挟んだ形式をしている．辞書を作成するには，辞書の要素をコンマで区切り，全体をカッコ で囲む．

　dictex.py プログラムの dic には，以下のように，当初四つの要素が含まれている．

[34] Python 以外のプログラミング言語では，Python の辞書型と同様のデータ型を連想配列と呼ぶことがある．

```
# 辞書の生成例
dic = {
"int"   ："整数" ,
"float" ："浮動小数点数" ,
"list"  ："リスト" ,
"dict"  ："辞書" ,
}
```

　辞書を読み書きするためには，キーを手掛かりとする．例えば

```
dic["int"]
```

ソースコード **8.5**　dictex.py プログラム

```
 1 # -*- coding: utf-8 -*-
 2 """
 3 dictex.py プログラム
 4 辞書の利用方法の例
 5
 6 """
 7 # メイン実行部
 8 # 辞書の生成例
 9 dic = {
10         "int"   : "整数" ,
11         "float" : "浮動小数点数" ,
12         "list"  : "リスト" ,
13         "dict"  : "辞書" ,
14 }
15
16 # 辞書の検索
17 print("int", "は", dic["int"])
18 print("list", "は", dic["list"])
19
20 # 要素の追加と削除
21 dic["tuple"] = "タプル"
22 print(dic)
23 del dic["tuple"]
24 print(dic)
```

```
int は 整数
list は リスト
{'int': '整数', 'float': '浮動小数点数', 'list': 'リスト
    ', 'dict': '辞書', 'tuple': 'タプル'}
{'int': '整数', 'float': '浮動小数点数', 'list': 'リスト
    ', 'dict': '辞書'}
```

図 **8.5**　dictex.py プログラムの実行結果

は，キーを"int"とする要素の値を検索するための表現である．キーを手掛かりに読み書きするため，辞書においてはキーの重複は許されない．また，キーはイミュータブルなデータである必要がある．また，キーが手掛かりとなるため，辞書には要素の前後関係は存在せず，要素の順番を指定することはできない．

　辞書はミュータブル（書き換え可能）である．そこで，構成要素の書き換えや，追加削除が可能である．例えばキーが"tuple"で値が"タプル"である要素を辞書 dic に追加するには，次のように記述する．

```
dic["tuple"] = "タプル"
```

　同様に，キーが"tuple"である要素を辞書 dic から削除するには，次のように記述する．

```
del dic["tuple"]
```

8.2.2 集合

　集合 (set) は，重複しない要素の集まり[35] であり，辞書と同様，個々の要素が順序を持たないデータ構造である．集合の利用例である setex.py プログラムをソースコード 8.6 に示す．

[35] 集合は，要素の集まりの中には同じものが 2 個以上存在せず，必ず一つのみとなるデータ構造である．

ソースコード **8.6** setex.py プログラム

```python
1  # -*- coding: utf-8 -*-
2  """
3  setex.py プログラム
4  集合の利用方法の例
5  """
6  # メイン実行部
7  # 集合の生成例
8  member = {"田中", "佐藤", "鈴木", "山田"}
9  print(member)
10
11 # 集合の検索
12 name = "田中"
13 print(name, "さんはいますか？: ", name in member)
14 name = "伊藤"
15 print(name, "さんはいますか？: ", name in member)
16
17 # 要素の追加と削除
18 member.add("伊藤")
19 member.remove("田中")
20 print(member)
21 name = "田中"
22 print(name, "さんはいますか？: ", name in member)
23 name = "伊藤"
24 print(name, "さんはいますか？: ", name in member)
```

```
{'山田', '田中', '佐藤', '鈴木'}
田中 さんはいますか？:  True
伊藤 さんはいますか？:  False
{'山田', '伊藤', '佐藤', '鈴木'}
田中 さんはいますか？:  False
伊藤 さんはいますか？:  True
```

図 **8.6** setex.py プログラムの実行結果

　ソースコード8.6で，変数memberが集合である．集合は，辞書から値を取り去ってキーだけを残したようなデータ型である．集合を作成するには，辞書と良く似た次のような形式を用いる．

```
# 集合の生成例
member = {"田中", "佐藤", "鈴木", "山田"}
```

　集合の要素を検索するには **in 演算子** を利用する．例えば，member の中に要素として"田中"が含まれるかどうかは，次のように記述する．

```
"田中" in member
```

　集合への要素の追加や，要素の削除は，add() や remove() を用いる．

```
# 要素の追加と削除
member.add("伊藤")
member.remove("田中")
```

8.2.3　例題

　表8.1に示す内線番号簿を検索するプログラムである tel.py を作成せよ．tel.py プログラムの実行例を図8.7に示す．

表 **8.1**　内線番号簿

名前	内線番号
佐藤	1001
鈴木	1004
田中	1005
山田	1010

```
名前を入力：鈴木
鈴木 ： 1004
名前を入力：山田
山田 ： 1010
名前を入力：田中
田中 ： 1005
名前を入力：
```

図 **8.7**　tel.py プログラムの実行例（下線はキーボードからの入力）

解答と解説

　tel.py プログラムの構成例をソースコード 8.7 に示す．tel.py プログラムでは，tellist という辞書を利用して，入力された名前に対応する内線番号を出力している．

ソースコード **8.7**　tel.py プログラム

```
 1 # -*- coding: utf-8 -*-
 2 """
 3 tel.py プログラム
 4 辞書を用いた内線番号検索プログラム
 5
 6 """
 7 # メイン実行部
 8 # 辞書の生成例
 9 tellist = {
10         "佐藤"   : "1001" ,
11         "鈴木"   : "1004" ,
12         "田中"   : "1005" ,
13         "山田"   : "1010" ,
14 }
15
16 # 辞書の検索
17 while True:
18     name = input("名前を入力：")
19     print(name, ":", tellist[name])
```

8.2.4　演習問題

①　ソースコード 8.7 の tel.py プログラムは，辞書に存在しない名前を入力するとエラーで停止する．この点を改良し，名前が見つからないとその旨メッセージを出力するようにせよ．tel.py プログラム改良した tel2.py プログラムの実行例を図 8.8 に示す．

```
名前を入力：佐藤
佐藤 ： 1001
名前を入力：田中
田中 ： 1005
名前を入力：小高
小高　が見つかりません
名前を入力：
```

図 **8.8**　tel2.py プログラムの実行例（下線はキーボードからの入力）

②　ソースコード 8.8 は，集合に対する演算の適用例を示した setex2.py プログラムである．プログラム中，「&」は集合の積を求める（**積集合を求**

める）演算を意味し，「|」は和を求める（**和集合**を求める）演算を意味する．setex2.py プログラムの動作結果を示せ．

ソースコード **8.8**　setex2.py プログラム

```python
1  # -*- coding: utf-8 -*-
2  """
3  setex2.py プログラム
4  集合の利用方法の例（2）
5  """
6  # メイン実行部
7  # 集合の生成
8  toukai_hokuriku = {"愛知", "岐阜", "三重", "静岡",
9                     "福井", "石川", "富山"}
10 cyuubu = {"愛知", "岐阜", "静岡", "山梨", "長野",
11           "福井", "石川", "富山", "新潟"}
12 # それぞれの要素を出力
13 print("東海北陸地方", toukai_hokuriku)
14 print("中部地方", cyuubu)
15 # 共通部分
16 print("東海北陸と中部の共通部分")
17 print(toukai_hokuriku & cyuubu)
18
19 # 和集合
20 print("東海北陸と中部の全体")
21 print(toukai_hokuriku | cyuubu)
```

[8章のまとめ]

① Python には，リストを操作するための様々な仕組みが用意されている．

② タプルは，リストと同じように，変数の集まりを一括して利用するための仕組みである．タプルはプログラム実行中に書き換えが発生しない定数のようなデータを記述するのに用い，リストは変更を伴う通常の変数のようなデータを記述するのに用いる．

③ 辞書は，キーと値の組を要素とするデータ構造である．

④ 集合は，重複しない要素の集まりであり，辞書と同様，個々の要素が順序を持たないデータ構造である．

9章　反復処理と内包表記

[この章のねらい]

本章では，反復処理と内包表記に関連する話題について説明します．はじめに反復処理関連として，break や continue の使い方と，for 文における else の使い方を取り上げます．内包表記については，リスト内包表記を中心に説明します．

[この章の項目]

反復処理

内包表記

9.1 反復処理

9.1.1 break 文と continue 文

4章で説明したように，for 文や while 文による繰り返しにおいて，**break** 文は繰り返しを中断させる働きがある．これに対し，**continue** 文は繰り返し本体の処理の一部を実行せずに，次の繰り返しに処理を進ませる働きがある．

ソースコード 9.1 に，break 文と continue 文の例を示す例題プログラムである breakcont.py を示す．

ソースコード **9.1** breakcont.py プログラム

```
 1 # -*- coding: utf-8 -*-
 2 """
 3 breakcont.py プログラム
 4 break 文と continue 文の例を示す例題プログラム
 5 """
 6 data = [1, 4, 2, 8, 5, 7, 0, 2, 5] # 繰り返し処理の対象
 7
 8 for x in data: # data[]リストの要素への繰り返し
 9     if x == 0:        # 0が現れたら
10         break         # 繰り返し処理を終了
11     elif x % 2 == 0:  # 2で割り切れるなら
12         continue      # 繰り返しの次の要素へ進む
13     print(x)
14 print("プログラムの終了")
```

```
1
5
7
プログラムの終了
```

図 **9.1** breakcont.py プログラムの実行結果

breakcont.py プログラムでは，リスト data[] の各要素について以下のような条件で条件判定を進めている

リスト data[] の中の要素 x について：
　　x が 0 なら繰り返し処理を終了する (break)
　　x が 2 で割り切れるなら繰り返し処理の次の要素へ進む (continue)
　　x を出力する

実行結果を見ると，奇数の要素は出力されるが，偶数については continue 文のはたらきにより出力は行われない．また，0 が出現すると break 文に

より繰り返し処理を終了している.

9.1.2 break 文と else 文

for 文や while 文では,else 文を合わせて用いることで,break 文による繰り返し処理の終了を検出することができる.ソースコード 9.2 に else 文の利用例を示す.

ソースコード **9.2** forelse.py プログラム

```
 1  # -*- coding: utf-8 -*-
 2  """
 3  forelse.py プログラム
 4  for 文を break 文で終了しなかった場合の else 文の働きを示す例題プログラム
 5  """
 6  # 下請け関数の定義
 7  # check()関数
 8  def check(data):
 9      """0があるかどうかの検査"""
10      print("元データ", data)
11      for x in data: # data[]リストの要素への繰り返し
12          if x == 0:          # 0が現れたら
13              print("0が見つかりました")
14              break           # 繰り返し処理を終了
15          print(x)
16      else:
17          print("0は存在しません")
18      return
19  # check()関数の終わり
20
21  # メイン実行部
22  data = [1, 4, 2, 8, 5, 7] # 繰り返し処理の対象
23  check(data)               # check()関数の適用
24  data = [1, 4, 2, 0, 5, 7] # 繰り返し処理の対象
25  check(data)               # check()関数の適用
```

forelse.py プログラムでは,与えられたリストの要素に 0 があるかどうかを調べる check() 関数を定義している.check() 関数内部では,for 文を使って data[] リストの要素に 0 が含まれているかどうかを調べ,0 が見つかったら break 文で繰り返しを終了している.もし 0 が見つからなかったら,else 文により「0 は存在しません」というメッセージを出力している.

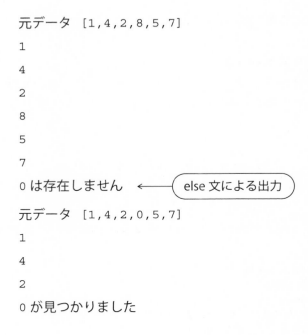

元データ　[1,4,2,8,5,7]

1

4

2

8

5

7

0 は存在しません　←──（ else 文による出力 ）

元データ　[1,4,2,0,5,7]

1

4

2

0 が見つかりました

図 **9.2**　forelse.py プログラムの実行結果

9.1.3　例題

36 math モジュールは標準ラ
イブラリに含まれている．詳
しくは 12 章で改めて取り上
げる．

　　Python の **math** モジュール[36] には，平方根を求める関数である math.sqrt() が用意されている．math.sqrt() を用いて，入力された浮動小数点数について，正の平方根を求めるプログラムである contex.py プログラムを作成せよ．ただし，負の数が入力された場合には「入力が負の数です」というメッセージを出力し，その入力に対する計算は行わずに次の入力に進むものとする．contex.py プログラムの実行例を図 9.3 に示す．

2

正の平方根：1.4142135623730951

-3

入力が負の数です　←──（ 負の数が入力された場合には「入力が負の数です」というメッセージを出力し、その入力に対する計算は行わずに次の入力に進む ）

4

正の平方根：2.0

図 **9.3**　contex.py プログラムの実行例（下線はキーボードからの入力）

解答と解説

　　ソースコード 9.3 に contex.py プログラム例を示す．contex.py プログラムでは，入力された値が負の場合には，その旨メッセージを出力してから continue 文により次の繰り返しへと処理を進める．

ソースコード **9.3** contex.py プログラムのプログラム例

```
 1  # -*- coding: utf-8 -*-
 2  """
 3  contex.py プログラム
 4  continue 文の例を示す例題プログラム
 5  """
 6  # モジュールのインポート
 7  import math
 8
 9  while True:
10      x = float(input())
11      if x < 0:
12          print("入力が負の数です")
13          continue
14      print("正の平方根：", math.sqrt(x))
```

9.1.4 演習問題

① 図 9.4 に示すような，正の整数が入力されたら 2 乗の値を返し，負の場合には再び入力を促し，0 が入力されたら終了するプログラムである breakcont2.py を作成せよ．

```
整数を入力:2
2乗の値：  4
整数を入力:3
2乗の値：  9
整数を入力:-4
整数を入力:5
2乗の値：ヨ 25
整数を入力:0
プログラムの終了
```

図 **9.4** breadcont2.py プログラムの動作例（下線はキーボードからの入力）

② 図 9.5 に示すような，入力された整数が素数かどうかを繰り返し判定するプログラムである prime.py プログラムを作成せよ．

```
整数を入力:2
素数です
整数を入力:3
素数です
整数を入力:4
2 で割り切れます
整数を入力:25
5 で割り切れます
整数を入力:49
7 で割り切れます
```

図 **9.5** 素数判定プログラム prime.py の動作例（下線はキーボードからの入力）

9.2 内包表記

9.2.1 リスト内包表記

リスト内包表記 (list comprehension) は，リストに数値を与えて初期化するための簡潔な記法である[37]．ソースコード 9.4 に，リスト内包表記の利用例である comprehension.py を示す．

37 Python のリスト内包表記は，数学で扱う概念である集合における，次のような数学的な表現方法に由来する記法である．$\{x|x$ は整数, $3 < x < 10\}$

ソースコード **9.4** comprehension.py プログラム

```python
1  # -*- coding: utf-8 -*-
2  """
3  comprehension.py プログラム
4  リスト内包表記の例を示す例題プログラム
5  """
6  # すべての要素を0で初期化
7  zerolist = [ 0 for i in range(10)]
8  print(zerolist)
9
10 # 0から9の整数で初期化
11 intlist = [ i for i in range(10)]
12 print(intlist)
13
14
15 # 10個の偶数で初期化
16 evenlist = [ i * 2 for i in range(1, 11)]
17 print(evenlist)
```

```
[0,0,0,0,0,0,0,0,0,0]          ←  [ 0 for i in range(10)]

[0,1,2,3,4,5,6,7,8,9]          ←  [ i for i in range(10)]

[2,4,6,8,10,12,14,16,18,20]    ←  [ i * 2 for i in range(1, 11)]
```

図 **9.6** リスト内包表記の利用例 comprehension.py プログラムの実行結果

comprehension.py プログラムでははじめに，zerolist という名称のリストに対して，リスト内包表記「[0 for i in range(10)]」を用いて 10 個の 0 を初期値として与えている．次に intlist に対して，リスト内包表記「[i for i in range(10)]」を用いて，0 から 9 までの 10 個の整数を与えている．最後に evenlist に対して，リスト内包表記「[i * 2 for i in range(1, 11)]」を用いて，2 から 20 までの 10 個の偶数を初期値として与えている．

9.2.2 集合と内包表記

内包表記は，リスト以外のデータ構造にも適用可能である．例として，集合に対して内包表記を適用した setcompre.py プログラムをソースコード9.5 に示す．

ソースコード **9.5** setcompre.py プログラム

```
1 # -*- coding: utf-8 -*-
2 """
3 setcompre.py プログラム
4 集合の内包表記の例を示す例題プログラム
5 """
6 # 偶数の集合
7 evenset = { i * 2 for i in range(1, 11)}
8 print(evenset)
9
10 # 7で割って1余る数の集合
11 modset = { i  for i in range(1, 50) if (i % 7) == 1}
12 print(modset)
```

```
{2, 4, 6, 8, 10, 12, 14, 16, 18, 20}
{1, 36, 8, 43, 15, 22, 29}
```

図 **9.7** setcompre.py プログラムの実行結果

ソースコード 9.5 の setcompre.py プログラムで，modset 集合には，7 で割って 1 余る数を与えている．このために内包表記として，条件判定を付与した次のような記述を利用している．

```
modset = { i  for i in range(1, 50) if (i % 7) == 1}
```

9.2.3　例題

ソースコード 9.6 に示す compre2d.py プログラムの実行結果を示せ.

ソースコード 9.6　compre2d.py プログラム

```
1  # -*- coding: utf-8 -*-
2  """
3  compre2d.py プログラム
4  2次元のリストを内包表記で初期化する
5  """
6  # 0で初期化
7  zero2dlist = [[0 for i in range(10)] for j in range(10)]
8  print(zero2dlist)
9
10 # 規則的な数値で初期化
11 int2dlist = [[i + j for i in range(10)] for j in range(10)]
12 print(int2dlist)
```

解答と解説

　compre2d.py プログラムの実行結果を図 9.8 に示す. compre2d.py プログラムでは, 2 次元のリストを, リスト内包表記を用いて初期化している.

```
[[0, 0, 0, 0, 0, 0, 0, 0, 0, 0], [0, 0, 0, 0, 0, 0, 0, 0, 0,
0], [0, 0, 0, 0, 0, 0, 0, 0, 0, 0], [0, 0, 0, 0, 0, 0, 0, 0,
0, 0], [0, 0, 0, 0, 0, 0, 0, 0, 0, 0], [0, 0, 0, 0, 0, 0, 0,
0, 0, 0], [0, 0, 0, 0, 0, 0, 0, 0, 0, 0], [0, 0, 0, 0, 0, 0,
0, 0, 0, 0], [0, 0, 0, 0, 0, 0, 0, 0, 0, 0], [0, 0, 0, 0, 0,
0, 0, 0, 0, 0]]
[[0, 1, 2, 3, 4, 5, 6, 7, 8, 9], [1, 2, 3, 4, 5, 6, 7, 8, 9,
10], [2, 3, 4, 5, 6, 7, 8, 9, 10, 11], [3, 4, 5, 6, 7, 8, 9,
10, 11, 12], [4, 5, 6, 7, 8, 9, 10, 11, 12, 13], [5, 6, 7, 8,
9, 10, 11, 12, 13, 14], [6, 7, 8, 9, 10, 11, 12, 13, 14, 15],
[7, 8, 9, 10, 11, 12, 13, 14, 15, 16], [8, 9, 10, 11, 12, 13,
14, 15, 16, 17], [9, 10, 11, 12, 13, 14, 15, 16, 17, 18]]
```

図 9.8　compre2d.py プログラムの実行結果

9.2.4　演習問題

①　ソースコード 9.7 の eratosthenes.py プログラムは, エラトステネスのふるいと呼ばれるアルゴリズムによって素数を求めるプログラムである. eratosthenes.py プログラムの処理の流れを簡潔に説明せよ.

ソースコード **9.7** eratosthenes.py プログラム

```
 1  # -*- coding: utf-8 -*-
 2  """
 3  eratosthenes.py プログラム
 4  エラトステネスのふるいによる素数判定プログラム
 5  """
 6  # 探索の上限値の設定
 7  N = 100
 8
 9  # メイン実行部
10  sieve = [i for i in range(N)] # N 未満までのふるいを準備
11
12  for i in range(2, N):# 先頭から順に確認
13      if sieve[i] != False:# 素数を見つけたら
14          print(sieve[i])   # 素数を出力
15          j = i + i         # 倍数を設定
16          while j < N:       # N より小さい範囲で倍数に印をつける
17              sieve[j] = False
18              j = j + i
```

```
2
3
5
7
11
13
 ·
 ·
 ·
89

97
```

図 **9.9** eratosthenes.py プログラムの実行結果（一部省略）

② Python のリストを用いて数学における行列を表現する場合について，単位行列を作成する方法を示せ．例えば 5×5 の単位行列であれば，

```
[[1, 0, 0, 0, 0], [0, 1, 0, 0, 0], [0, 0, 1, 0, 0], [0, 0, 0,
    1, 0], [0, 0, 0, 0, 1]]
```

のようなリストを作成する方法を示せ．

[9章のまとめ]

① for 文や while 文による繰り返しにおいて，break 文は繰り返しを中断させる働きがあり，continue 文は繰り返し本体の処理の一部を実行せずに，次の繰り返しに処理を進ませる働きがある．

② for 文や while 文では，else 文を合わせて用いることで，break 文による繰り返し処理の終了を検出することができる．

③ リスト内包表記は，リストに数値を与えて初期化するための簡潔な記法である．

④ 内包表記は，集合や辞書などの，リスト以外のデータ構造にも適用可能である．

10章　オブジェクトとクラス

[この章のねらい]

　本章では，オブジェクトの利用方法と継承の概念について説明します．はじめに Python におけるオブジェクトの位置づけについて述べ，オブジェクトのひな型であるクラスの作成方法を説明します．次に，継承の概念とその具体的な利用方法について説明します．

[この章の項目]

オブジェクトの利用
継承

10.1 オブジェクトの利用
10.1.1 オブジェクトの利用

多くのプログラミング言語では，**オブジェクト**と呼ばれる，データ構造と手続き（処理内容）を一組にして扱うしくみが用意されている[38]．一般に，オブジェクトの内部には，データ構造と，データに対する処理内容を記述した手続きがセットになって組み込まれている（図10.1）．

38 Python だけでなく，例えば C++言語や Java 言語などさまざまなプログラミング言語で，オブジェクトを利用することができる（15章参照）．

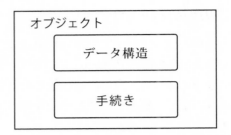

図 10.1 オブジェクトはデータ構造と手続きをひとまとめにしたものである

Python では，数値や文字，文字列やリスト，それに関数やモジュールなどの，言語を構成する要素はすべてオブジェクトとして実装されている．例えば文字列はオブジェクトであり，文字列オブジェクトの持つ手続きを利用してオブジェクトを操作することが可能である．例えば下記のように，文字列"abcabcabc"内に出現する部分文字列の出現回数を調べることができる．

```
>>> "abcabcabc".count("a")
3
```

上記では，文字列"abcabcabc"というオブジェクト内部に用意されている手続き count() を呼び出して，文字"a"が何回出現しているかを数えている．Python では，オブジェクトに含まれる手続きのことを，**メソッド**と呼ぶ．あるオブジェクトに含まれるメソッドを呼び出すには，上記のようにオブジェクトに続いてピリオドを付けて，メソッドを指定すればよい．上記の例では，count() メソッドを呼び出して文字列"abcabcabc"に出現する文字"a"の回数を調べている．

同様に，リスト形式のオブジェクト ["黒", "茶", "赤", "橙", "黄"] に対して，次のような操作が可能である．

```
>>> ["黒", "茶", "赤", "橙", "黄"].index("赤")
2
```

この例では，リストオブジェクトに用意されている index() メソッドを用

いて，"赤"という要素が出現する順番を求めている．

　以上の例のように，Python では，システムに用意されたオブジェクトを利用することは簡単である．このため，オブジェクトを使うだけであれば，オブジェクトについて詳しく知る必要は無い．しかし，システムに用意されていない新しい種類のオブジェクトを作成したり，システムに用意されているオブジェクトに新しい機能を追加したりする場合には，オブジェクトについての知識が必要になる．以下では，こうした場合に必要となる知識について説明する．

10.1.2　オブジェクトの作成

　Python で新しい種類のオブジェクトを作成するには，オブジェクトの設計図である**クラス**を定義する必要がある．クラスはオブジェクトのひな型であり，オブジェクトを利用する際には，まずクラスを定義し，定義したクラスからオブジェクトを生成して利用する必要がある．ここで，クラスから生成されたオブジェクトを，**インスタンス**と呼ぶ．クラス定義と，クラスからのインスタンスの生成例である namelist.py プログラムをソースコード 10.1 に示す．

　namelist.py プログラムでは，Person という名前のクラスを新たに定義している．クラス定義においては，class というキーワードに続いてクラスの名称を記述し，その後にメソッド等の定義を置く．Person クラスでは，__init__() メソッドと get_name() メソッド，それに get_age() メソッドを定義している．メソッドの定義は関数定義とよく似た形式をしているが，第一引数として必ず self という変数を記述する点が関数と異なっている．self という変数は，クラスから生成したインスタンスを指し示すための変数である．

　__init__() メソッドは，**コンストラクタ**と呼ばれる特殊なメソッドである．コンストラクタは，クラスのインスタンスが生成される際に呼び出されるメソッドである[39]．

　Person クラスの __init__() メソッドでは，name と age という二つの引数を受け取って，クラスのインスタンス内で利用可能な変数である self.name と self.age に値を代入している．このような変数を**インスタンス変数**という．インスタンス変数は，クラスから生成されたそれぞれのインスタンス毎に異なる変数として用意される．なお，__init__() メソッドの第一引数である self は，インスタンス自体を指し示すための変数なので，インスタンスを生成する際の引数として与える必要は無い．

　Person クラスの持つ残り二つのメソッドは，インスタンス内部に保存された名前の情報を与える get_name() メソッドと，同じく保存されている年齢の情報を返す get_age() メソッドである．

　namelist.py プログラムのメイン実行部では，以下のように，Person ク

ソースコード **10.1** namelist.py プログラム

```
1  # -*- coding: utf-8 -*-
2  """
3  namelist.py プログラム
4  オブジェクトを利用した名簿作成プログラム
5  """
6  # クラス定義
7  # Person クラス
8  class Person:
9      """名簿の1項目を表現するクラスの定義"""
10     def __init__(self, name, age):  # コンストラクタ
11         self.name = name    # 名前
12         self.age = age      # 年齢
13     def get_name(self):     # 名前を返す
14         return self.name
15     def get_age(self):      # 年齢を返す
16         return self.age
17
18 # メイン実行部
19 # クラスからのインスタンスの生成
20 aperson = Person("taro", 22)
21 print(aperson.get_name(), aperson.get_age())
22 print(aperson.name, aperson.age)
23 # インスタンスのリストの生成
24 namelist = [Person("jiro", 19), Person("saburo", 16)]
25 print(namelist[0].get_name(), namelist[0].get_age())
26 print(namelist[1].name, namelist[1].age)
27 # オブジェクトの操作
28 namelist[1].age += 1
29 print(namelist[1].get_name(), namelist[1].get_age())
```

```
taro 22
taro 22
jiro 19
saburo 16
saburo 17
```

図 **10.2** namelist.py プログラムの実行結果

ラスのインスタンスとして aperson を生成している.

```
# クラスからのインスタンスの生成
aperson = Person("taro", 22)
```

aperson の持つインスタンス変数である aperson.name と aperson.age には,それぞれ"taro",と 22 が代入される.

　インスタンスはリストの要素とすることも可能であり,namelist.py プロ

グラムでは namelist[] というリストの要素として Person クラスから生成したインスタンスを与えている.

　作成したインスタンスが持つ情報をアクセスするには, メソッドを使うほか, インスタンス変数を直接アクセスすることでも可能である. namelist.py プログラムの例では, aperson オブジェクトの持つ name と age の値を参照して出力するのに, 下記の二つの方法を使っている.

```
print(namelist[0].get_name(), namelist[0].get_age())
print(namelist[1].name, namelist[1].age)
```

10.1.3 例題

　以下の (a)〜(d) において, 下線部がメソッドの利用を意味しているのはどれか.

```
(a) numlist.sort()  # ただしnumlist はリストである
(b) numlist.append(10)  # ただしnumlist はリストである
(c) re.match(".+@.*", str)
(d) print(numlist)
```

解答と解説

　(a) と (b) がメソッドの利用を意味している. (c) は re モジュールに含まれる match() 関数の利用を意味し, (d) は print() 関数の利用を意味している.

10.1.4 演習問題

①　namelist.py プログラムの Person クラスを利用して, 与えられた名前と年齢をリストとして記録するプログラムである makelist.py プログラムを作成せよ. makelist.py プログラムの実行例を図 10.3 に示す.

②　namelist.py プログラムの Person クラスの定義に, メールアドレスを格納するインスタンス変数 address を追加せよ.

名前を入力：<u>佐藤</u>

年齢を入力：<u>19</u>

名前を入力：<u>鈴木</u>

年齢を入力：<u>22</u>

名前を入力：<u>田中</u>

年齢を入力：<u>20</u>

名前を入力：←──────── 改行（Enter）のみを入力して、入力を終了

佐藤 19

鈴木 22

田中 20

図 **10.3**　makelist.py プログラムの実行例（下線部はキーボードからの入力）

10.2　継承

10.2.1　継承とは

　クラス定義においては，新規にクラスを定義するだけでなく，既存のクラスを元にして新しいクラスを作成することも可能である．この仕組みを**継承 (インヘリタンス，inheritance)** と呼ぶ．継承を用いると，既存のクラスを**親クラス**（基底クラスまたは**スーパークラス**とも言う）として，その機能を引き継いだ**子クラス**（**派生クラス**又は**サブクラス**とも言う）を作成することができる．

　例えば，namelist.py プログラムの Person クラスを利用して，NewPerson クラスを作成することを考える．NewPerson クラスは，Person クラスの機能を引き継いだ上で，メールアドレスを格納するインスタンス変数 address を追加することにする．また，インスタンス変数 address を読み書きするためのメソッドとして get_address() と set_address() を追加する．ソースコード 10.2 に NewPerson クラスの定義例を示す．

ソースコード **10.2**　NewPerson クラスの定義例

```
1  # NewPerson クラス
2  class NewPerson(Person):
3      """Person クラスを継承した子クラスの定義"""
4      def __init__(self, name, age, address):  # コンストラクタ
5          self.name = name    # 名前
6          self.age = age      # 年齢
7          self.address = address # アドレス
8      def get_address(self):# アドレスを返す
9          return self.address
10     def set_address(self, address):# アドレスを設定する
11         self.address = address
12         return
```

NewPerson クラスの定義においては，下記のように，NewPerson クラスの親クラスである Person クラスの名前を与えている．これにより，NewPerson クラスでは Person クラスの機能である get_name() メソッドや get_age() メソッド等を継承して利用することができる．

```
# NewPerson クラス
class NewPerson(Person):
```

NewPerson クラスでは，インスタンス変数 address を追加するために，コンストラクタである __init__() を**オーバーライド（上書き）**している．このように，子クラスでは親クラスのメソッドを上書きすることが可能である．また，get_address() メソッドと set_address() メソッドを追加することで，機能拡張をはかっている．

継承を用いると，既存のプログラムを利用して新しいプログラムを簡単に作成することが可能である[40]．また，継承はソースコードのコピーではないので，似たようなソースコードのコピーを管理する手間が必要なく，保守も容易となる[41]．

10.2.2 super() 関数の利用

継承を利用して親クラスのメソッドをオーバーライド（上書き）する際，親クラスのメソッドをそのまま利用して拡張部分だけを追加する方法がある．例えばソースコード 10.2 に示した NewPerson クラスのコンストラクタは，Person クラスのコンストラクタをコピーして利用している．しかし，コピーする代わりに，ソースコード 10.3 のように **super()** を利用して，名前と年齢に関する処理を Person クラスのコンストラクタに任せることが可能である．

ソースコード 10.3 super() を利用した NewPerson クラスのコンストラクタの定義例

```
1    def __init__(self, name, age, address):  # コンストラクタ
2        super().__init__(name, age) # 親クラスのコンストラクタを利用
3        self.address = address    # アドレス
```

ソースコード 10.2 とソースコード 10.3 は同じ結果を与えるが，super() を利用したソースコード 10.3 の記述方法を利用すると，同じ内容の記述を繰り返す無駄を避けることができ，将来の変更にも対応が容易になる利点がある．

40 既存のプログラムの足りない部分だけを付け足して，新しいプログラムを作成することができる．

41 コピーを使ってプログラムを作ると，例えば，元のプログラムが修正されたらコピーのプログラムも手作業で修正しなければならない．継承を利用すると，このような手作業は不要である．

10.2.3 例題

ソースコード 10.4 に NewPerson クラスを利用した名簿作成プログラム
である namelist3.py を示す. namelist3.py プログラムの実行結果を示せ.

ソースコード **10.4** namelist3.py プログラム

```python
1  # -*- coding: utf-8 -*-
2  """
3  namelist3.py プログラム
4  オブジェクトを利用した名簿作成プログラム
5  継承の利用例
6  """
7  # クラス定義
8  # Person クラス
9  class Person:
10     """名簿の 1項目を表現するクラスの定義"""
11     def __init__(self, name, age):  # コンストラクタ
12         self.name = name   # 名前
13         self.age = age      # 年齢
14     def get_name(self):   # 名前を返す
15         return self.name
16     def get_age(self):    # 年齢を返す
17         return self.age
18
19  # NewPerson クラス
20  class NewPerson(Person):
21     """Person クラスを継承した子クラスの定義"""
22     def __init__(self, name, age, address):  # コンストラクタ
23         super().__init__(name, age) # 親クラスのコンストラクタを利用
24         self.address = address      # アドレス
25     def get_address(self):# アドレスを返す
26         return self.address
27     def set_address(self, address):# アドレスを設定する
28         self.address = address
29         return
30
31  # メイン実行部
32  # クラスからのインスタンスの生成
33  # NewPerson クラスからの生成
34  person1 = NewPerson("taro", 22, "taro@mail")
35  print(person1.get_name(), person1.get_age(), person1.
       get_address())
36  person1.set_address("taro@othermail")
37  print(person1.get_name(), person1.get_age(), person1.
       get_address())
38
39  # Person クラスからの生成
40  person2 = Person("jiro", 19)
41  print(person2.get_name(), person2.get_age())
```

解答と解説

図 10.4 に，namelist3.py プログラムの実行結果を示す．namelist3.py プログラムでは，NewPerson クラスのインスタンスである person1 と，Person クラスのインスタンスである person2 の両方を利用している．

```
taro 22 taro@mail
taro 22 taro@othermail
jiro 19
```

図 **10.4** namelist3.py プログラムの実行結果

10.2.4 演習問題

① NewPerson クラスを継承して，名前および年齢を設定するメソッドである set_name() メソッドと set_age() メソッドを追加した OtherPerson クラスを定義せよ．

② リスト (list) を継承して，リストに push() メソッドを追加した新しいクラス Stack を定義せよ．ここで，push() メソッドはスタックに要素を追加する働きがあり，append() メソッドと同じ機能を有する．

Stack クラスを用いると，スタックを生成し，push() メソッドと pop() メソッドを利用してスタックを操作することができる．操作の例を以下に示す．

```
s = Stack()    # スタックの生成

s.push("abc")  # "abc"をスタックに追加
s.push(123)    # 123をスタックに追加
s.push(456)    # 456 をスタックに追加
print(s.pop()) # スタックからの取り出し（456が取り出される）
print(s.pop() )# スタックからの取り出し（123が取り出される）
print(s.pop()) # スタックからの取り出し（abc が取り出される）
```

[10章のまとめ]

① 多くのプログラミング言語では，オブジェクトと呼ばれる，データ構造と手続き（処理内容）を一組にして扱うしくみが用意されている.

② Python で新しい種類のオブジェクトを作成するには，オブジェクトの設計図であるクラスを定義する必要がある. クラスはオブジェクトのひな型であり，オブジェクトを利用する際には，まずクラスを定義し，定義したクラスからオブジェクトを生成して利用する.

③ クラス定義においては，新規にクラスを定義するだけでなく，既存のクラスを元にして新しいクラスを作成することも可能である. この仕組みを継承と呼ぶ.

④ 継承を用いると，既存のクラスを親クラス（基底クラス又はスーパークラスとも言う）として，その機能を引き継いだ子クラス（派生クラス又はサブクラスとも言う）を作成することができる.

11章　ファイル操作

[この章のねらい]

　本章では，ファイルの概念と，その具体的な操作方法を紹介します．本章で紹介する方法を用いてプログラムでファイルを扱えるようになると，より実用的なデータ処理プログラムを実現することができるようになります．

[この章の項目]
　ファイルの概念
　プログラムによるファイル操作

11.1　ファイルの概念

11.1.1　ファイルとは

　ファイルとは，ディスク装置などの補助記憶装置にデータを記録する際のデータ構成単位である．実用的なプログラムには，ファイルの読み書き処理が含まれることが多い．

　例えばワープロのプログラムであれば，編集対象である文書データは，文書ファイルとしてワープロプログラムから読み書きできるのが普通である．同様に表計算プログラムでは，計算対象である表データがファイル操作の対象となる（図 11.1）．

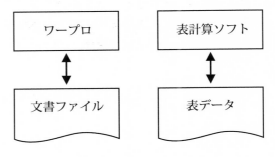

図 11.1　ファイルの概念

　ファイルに対する操作には，ファイルの読み出しやファイルへの書き込みの他，ファイルの作成やファイルの消去などがある．今日利用されている大部分のプログラミング言語では，こうしたファイル操作を行うライブラリ関数が用意されている．表 11.1 にファイル操作の例を示す．

表 11.1　ファイル操作の例

操作	説明
読み出し	既存のファイルからデータを読み出す
書き込み	既存のファイルにデータを書き込んだり，新たにファイルを作成したりする
作成	新たにファイルを作成する
消去	既存のファイルを消去する

　ファイルに記録されるデータの形式はアプリケーションプログラム毎に異なるが，基本的にファイルには任意のデータを含むことができる．一般に，文字データのみを記録したファイルを**テキストファイル**と呼び，任意のデータが記録されたファイルを**バイナリファイル**と呼ぶ．

　テキストファイルは特定のアプリケーションプログラムに依存せずに読み書きできる場合が多いので，さまざまなプログラムで汎用的に扱える．これに対して，バイナリファイルはアプリケーションプログラムに依存するが，テキストファイルと比べてファイルサイズが小さく効率的な処理が

できる場合が多い.

11.1.2　例題

Windows や Linux など, さまざまな環境で, テキストファイルを作成したり変更したりする操作を行ってみよ.

解答と解説

テキストファイルの作成や変更には, エディタ等の文書編集ソフトを用いるのが簡単である. また, Python で記述したプログラムの出力結果をファイルに格納することもできる. たとえば, Linux のシェルウィンドウや Windows のコマンドプロンプト等では, **リダイレクト**によってテキストファイルを作成することができる.

図 11.2 に, Windows のコマンドプロンプトウィンドウにおけるリダイレクト操作の例を示す. 図では, 本書第 1 章で示した hello.py プログラムを用いて, hello.py プログラムの出力結果をリダイレクトによって file1.txt という名称のテキストファイルに格納している. リダイレクトを行うには, プログラム名の後に記号 ">" とファイル名を続けて記述する. ここでは, ファイル名として file1.txt という名前を与えている.

プログラムを実行すると, プログラムの出力文字列が file1.txt ファイルに格納される. この際, file1.txt という名称のファイルがなければ新しく作成され, 既に存在する場合には上書きされる.

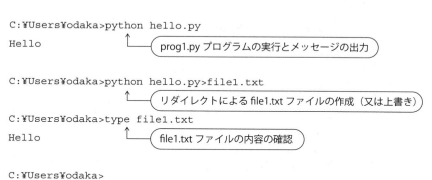

```
C:¥Users¥odaka>python hello.py
Hello            └──（ prog1.py プログラムの実行とメッセージの出力 ）

C:¥Users¥odaka>python hello.py>file1.txt
                 └──（ リダイレクトによる file1.txt ファイルの作成（又は上書き）)
C:¥Users¥odaka>type file1.txt
Hello            └──（ file1.txt ファイルの内容の確認 ）

C:¥Users¥odaka>
```

図 11.2　リダイレクトによるテキストファイルの作成例

11.1.3　演習問題

①　100 行に渡って同じメッセージを出力するプログラム mes100.py を作成せよ. 次に mes100.py プログラムを用いて, リダイレクトにより 100 行のメッセージを格納したテキストファイルを作れ.

11.2 プログラムによるファイル操作

11.2.1 Python によるファイル操作の手順

Python でプログラムからファイルを読み書きするには，図 11.3 に示す手順にしたがって必要な関数を順に呼びだせばよい．

> open() 関数によるファイルオープン
> ↓
> ファイルの読み書き（readline() メソッドや print() 関数などを利用する）
> ↓
> close() メソッドによるファイルクローズ

図 11.3 ファイル操作の手順

図 11.3 で，open() 関数は**ファイルオープン**，すなわちファイル操作の準備を行う関数である．open() 関数には引数としてファイル名と，**モード**と呼ばれる文字列を与える．モードはファイルの読み出しや書き込みの区別を指示するもので，2 文字のアルファベットを組み合わせて指示を表現する．

表 11.2 に，モードを指定するための文字の意味を示す．モードの 1 文字目は読み書きの区別を表し，2 文字目はバイナリファイルとテキストファイルの区別を表す．

表 11.2 open() 関数のモード（第二引数）の意味

（1）1 文字目の意味

1 文字目の文字	意味
r	ファイルを読みだすための指定
w	ファイルに書き込みを行う際の指定．ファイルが存在しない場合には新しくファイルが作成される．既存ファイルに"w"を指定すると上書きする．
x	ファイルを新規に作成して書き込みを行う際の指定．ファイルが既に存在しているとエラーとなる．
a	ファイルへの追記を指定．ファイルが存在しない場合には新しくファイルが作成される．

（2）2 文字目の意味

2 文字目の文字	意味
t	テキストファイル
b	バイナリファイル

open() 関数は，ファイルオープンに成功するとファイルオブジェクトを

返す．ファイルオブジェクトをファイルの読み書きの際に利用することで，特定のファイルへのアクセスを行うことが可能である．

ファイルへの読み書きを実際に行うには，readline() メソッドや print() 関数などを利用する．ファイルの読み書きに使うことのできるメソッドや関数はこのほかにも多数存在し，例えば，read(), readline(), write() 等を用いることができる．

ファイル処理が終わったら，close() メソッドを呼び出すことでファイル処理を完了し，ファイル処理に利用したメモリ領域を開放する．

11.2.2　ファイル処理の実装

ファイル処理の手順をプログラムとして実装するには，図 11.3 に示した処理を順に実行すれば良い．ファイルの書き出し処理を実装した例として，fwrite.py プログラムをソースコード 11.1 に示す．

ソースコード 11.1 の fwrite.py プログラムは，キーボードから読みこんだファイル名のファイルを open() 関数を使ってオープンし，ファイルオブジェクトを変数 fout に格納する．その後，fout を利用して print() 関数を使って，100 行のテキストファイルを作成している．

ソースコード **11.1**　fwrite.py プログラム

```
1 # -*- coding: utf-8 -*-
2 """
3 fwrite.py プログラム
4 ファイル書き込みの例題プログラム
5 """
6
7 # メイン実行部
8 # ファイル名の取得
9 filename = input("出力ファイル名を入力してください：")
10
11 # ファイルのオープン
12 fout = open(filename, 'wt')
13
14 # ファイルの書き込み
15 for i in range(100):
16     print(i + 1, ":", "Python プログラミング", file = fout)
17
18 # ファイルクローズ
19 fout.close()
```

出力ファイル名を入力してください：test.txt

> test.txt ファイルが出来上がる
> test.txt ファイルの内容
>
> > 1：Python プログラミング
> > 2：Python プログラミング
> > 3：Python プログラミング
> > 4：Python プログラミング
> > 5：Python プログラミング
> > 6：Python プログラミング
> > 7：Python プログラミング
> > ・・・

図 **11.4**　fwrite.py プログラムの実行例（下線部はキーボードからの入力）

11.2.3　例外処理

　ファイル処理においては，プログラム自体は正しくても，さまざまな理由で処理に失敗してしまう場合がある．例えば fwrite.py プログラムにおいて，open() 関数を用いたファイルオープン処理では，書き込み先のファイルへの書き込みが許されていない[42] などの理由で処理に失敗する場合がある．図 11.5 に，ファイルの書き込みができないためにファイルオープンが失敗した場合の例を示す．

　図 11.5 では，test.txt という名前の既存のファイルの属性を，わざと読み取り専用に変更している．その上で fwrite.py プログラムを実行し test.txt ファイルを指定すると，ファイルの上書きができないためにエラーとなり，プログラムが停止する．

[42] ファイルの属性が「書き込み禁止」になっているなど．この他，ファイルの置かれているディレクトリ全体が書き込み禁止になっている場合等も書き込みに失敗する．

```
C:¥Users¥odaka>attrib +r test.txt          ← test.txt ファイルの属性を
                                               読み取り専用に変更

C:¥Users¥odaka>python fwrite.py
出力ファイル名を入力してください：test.txt
Traceback(most recent call last):
  File"fwrite.py",line 12,in<module>       ← test.txt ファイルは読み取り
    fout=open(filename,'wt')                  専用なので、上書きモードで
                                               open()するとエラーとなる
PermissionError:[Errno 13]Permission denied:'test.txt'

C:¥Users¥odaka>
```

図 **11.5**　ファイルの書き込みができないためにファイルオープンが失敗した場合の例（下線部はキーボードからの入力）

ファイル処理に失敗するなど，実行時にエラーが検出されると，Python
では**例外**と呼ばれる信号が発生する[43]．Python では，例外の発生しそう
なプログラム部分を **try** という構文で囲むことで，例外を検出することが
できる．また，例外が検出された場合の処理は，try に対応する **except** を
利用した構文で記述することができる．

ソースコード 11.2 に，try〜except による例外処理の例を示す．ソース
コード 11.2 に示した fwrite2.py プログラムでは，open() 関数によるファ
イル処理部分を try によってブロック化している．もし open() 関数による
ファイルオープン処理によって例外が発生すると，except ブロックに記述
された例外処理コードが実行される．fwrite2.py プログラムでは，「ファイ
ルオープンに失敗しました」というメッセージを出力して，sys.exit() 関数
を使ってプログラムを終了させている．なお，例外が発生しない場合には，
except ブロックに記述した例外処理コードは実行されない．

ソースコード **11.2** fwrite2.py プログラム

```
1  # -*- coding: utf-8 -*-
2  """
3  fwrite2.py プログラム
4  ファイル書き込みの例題プログラムその 2
5  ファイルオープン時のエラーを検出する
6  """
7  # モジュールのインポート
8  import sys
9
10 # メイン実行部
11 # ファイル名の取得
12 filename = input("出力ファイル名を入力してください：")
13
14 # ファイルのオープン
15 try:
16     fout = open(filename, 'wt')
17 except :
18     print("ファイルオープンに失敗しました")
19     sys.exit(1)
20 # ファイルの書き込み
21 for i in range(100):
22     print(i + 1, ":", "Python プログラミング", file = fout)
23
24 # ファイルクローズ
25 fout.close()
```

```
出力ファイル名を入力してください：test.txt
ファイルオープンに失敗しました
```

図 **11.6** fwrite2.py プログラムの実行例 (下線部はキーボードからの入力)

11.2.4　例題

float 型の数値の格納されたファイルから数値を読み込み，その累計を出力するプログラム fread.py を作成せよ．fread.py プログラムの動作例を図11.7 に示す．

入力ファイル名を入力してください：<u>data.txt</u> ←┐

累計：1.23

累計：5.789999999999999

累計：3.689999999999999

累計：3.9099999999999993

累計：4.909999999999999

data.txt ファイルの内容
1.23 4.56 -2.1 0.22 1.0

図 **11.7**　fread.py プログラムの動作例（下線部はキーボードからの入力）

解答と解説

　ファイル読み出しの操作は，先に示した fwrite.py プログラムにおけるファイル書き込み処理と同様の手順である．すなわち，open() 関数によるファイルオープン，read() メソッドや readline() メソッドによるファイルの読み出し，close() メソッドによるファイルクローズを順に記述すればよい．

　ソースコード11.3 に，この手順にしたがって処理を進める fread.py プログラムの構成例を示す．

ソースコード **11.3**　fread.py プログラム

```
 1 # -*- coding: utf-8 -*-
 2 """
 3 fread.py プログラム
 4 ファイル読み出しの例題プログラム
 5 """
 6
 7 # メイン実行部
 8 # ファイル名の取得
 9 filename = input("入力ファイル名を入力してください：")
10
11 # ファイルのオープン
12 fin = open(filename, 'rt')
13
14 # *ファイルからのデータ読み出しと計算
15 sum = 0.0 # 合計値
16 while True:
17     line = fin.readline() # 1行読み込み
18     if not line:# 入力終了
19         break
20     sum += float(line)
21     print("累計：", sum)
22 # ファイルクローズ
23 fin.close()
```

11.2.5 演習問題

① ソースコード 11.3 に示した fread.py プログラムでは，存在しないファイルを指定するとエラーによってプログラムが停止してしまう．そこで，例外処理を利用することで，存在しないファイルを指定した場合に図 11.8 に示したようなエラーメッセージを出力するようにプログラムを変更せよ．変更後のプログラム名は fread2.py とせよ．

存在しないファイル
"otherdata.txt" を指定

入力ファイル名を入力してください：otherdata.txt

ファイルオープンに失敗しました ← エラーメッセージを出力

図 **11.8** fread.py プログラムに例外処理を追加した fread2.py プログラムの実行例（下線部はキーボードからの入力）

② ソースコード 11.3 の fread.py プログラムでは，readline() メソッドを用いて 1 行ずつファイルからデータを読みだしている．これに対して，readlines() メソッドを用いると，ファイル全体を，1 行分の文字列を要素とするリストとして一括して読み出すことができる．以下に readlines() メソッドの利用例を示す．

```
>>>fin=open("data.txt",'rt')
>>>inputtext=fin.readlines()
>>>print(inputtext)
['1.23¥n','4.56¥n','-2.1¥n','0.22¥n','1.0']
```

readlines() メソッドで一括して
ファイル全体を読み込む

1 行分の文字列を要素とするリストを得る

図 **11.9** readlines () メソッドによるファイルの一括読み出し

上記の readlines() メソッドを用いて fread.py プログラムを書き換えて，fread.py プログラムを同様の処理を行う fread3.py プログラムを構成せよ．

[11章のまとめ]

① ファイルとは，ディスク装置などの補助記憶装置にデータを記録する際のデータ構成単位である．Python などのプログラム言語では，ファイルの読み出しや書き込みなどのファイル操作を行うライブラリ関数が用意されている．

② Python の標準ライブラリには，ファイルオープンのための open() 関数やファイルクローズのための close() メソッドが用意されている．また，ファイルの読み書きをするための，readline(),readlines(),read(),write() などのメソッドが用意されている．

③ Python では，try～except という構文を用いることで，例外処理を記述することができる．

12章　モジュールの利用(1)
乱数と数学関数

[この章のねらい]

　本章と次章では，標準ライブラリに含まれる，基本的なモジュールを取り上げます．標準ライブラリは，Python をインストールすることで，他になにも追加インストールしなくても利用することが可能です．標準ライブラリにはさまざまなモジュールが用意されていますが，本章では特に，乱数を扱う random モジュールと，数学的関数のライブラリである math モジュールを取り上げて [44] 説明します．

[44] math モジュールの一部については，既に 9 章で説明済みである．

[この章の項目]

　乱数　　random モジュールの利用
　数学関数　　math モジュール

12.1 乱数 random モジュールの利用

12.1.1 random() 関数の利用

random モジュールは，乱数[45] に関する機能を提供するモジュールである．ソースコード 12.1 に，random モジュールに含まれる random() 関数を用いた乱数生成プログラムである randdemo.py プログラムを示す．

45 random モジュールの与える乱数列は，正確には，ある計算手順に従って乱数のように見える数値の系列を与える疑似乱数列である．

ソースコード **12.1** randdemo.py プログラム

```
 1 # -*- coding: utf-8 -*-
 2 """
 3 randdemo.py プログラム
 4 random モジュールの利用例
 5 """
 6 # モジュールのインポート
 7 import random
 8
 9 # メイン実行部
10 for i in range(10):# 10回の繰り返し
11     print(random.random())
```

```
0.8831350548187066   ← 最初の実行結果
0.8949301144721766
0.3381192324154886
0.6791782660335263
0.7682832968316566
0.0033845101813794187
・・・

0.2987437311026122   ← 2回目の実行結果
0.7087393980930745     （1回目と異なる数値の系列が出力される）
0.20854394575730695
0.2769870490716696
0.49254517726593405
0.6157500909771167
・・・
```

図 **12.1** randdemo.py プログラムの実行例

randdemo.py プログラムでは，random() 関数を利用して，10 個の乱数を出力している．random() 関数は，呼び出される都度，0 以上 1 未満の float 型の乱数を一つ返す乱数関数である．random() 関数は，明示的に初期化しない場合には，実行の都度異なる初期値を利用して乱数を出力する．このため，randdeomo.py プログラムは，実行をくりかえすとそれぞれ異なる乱数列を出力する．

12.1.2　乱数列の初期化

　乱数を使った数値実験を行う場合などには，同じ乱数列を利用して実験を繰り返す必要がある場合がある．そこで random モジュールには，乱数列の初期値を一定の値とするための関数である seed() 関数が用意されている．seed() 関数の利用例である seeddemo.py プログラムをソースコード12.2 に示す．

ソースコード **12.2**　seeddemo.py プログラム

```
 1  # -*- coding: utf-8 -*-
 2  """
 3  seeddemo.py プログラム
 4  random モジュールの利用例
 5  seed()関数による初期化の利用
 6  """
 7  # モジュールのインポート
 8  import random
 9
10  # メイン実行部
11  random.seed(65535) # 乱数列の初期化
12  for i in range(10):# 10回の繰り返し
13      print(random.random())
```

```
0.03704661600456849   ← 最初の実行結果
0.8443363850780575
0.4404429847810353
0.1254217405423902
0.9234932932351398
0.41836878624977913
・・・


0.03704661600456849   ← 2回目の実行結果
0.8443363850780575       （1回目と同じ）
0.4404429847810353
0.1254217405423902
0.9234932932351398
0.41836878624977913
・・・
```

図 **12.2**　seeddemo.py プログラムの実行例

　seeddemo.py プログラムでは，乱数列の生成に先立って，seed() 関数を用いて乱数の初期値を設定している．このため，ソースコード 12.1 の randdemo.py プログラムの場合と異なり，seeddemo.py プログラムでは実行を

繰り返すと同じ乱数列が出力される.

12.1.3　例題

　Python の random モジュールには，整数の乱数列を生成するための関数として randint() 関数が用意されている．randint() 関数は二つの引数 a,b を与えることで a 以上 b 以下の整数をランダムに返す．randint() 関数を使って，1 から 6 の値をランダムに 10 個返す，さいころシミュレータプログラム dice.py を作成せよ．dice.py プログラムの動作例を図 12.3 に示す.

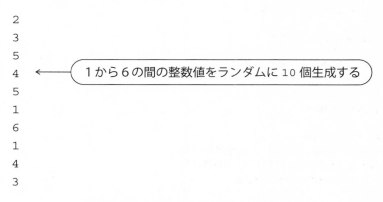

```
2
3
5
4
5
1
6
1
4
3
```

1 から 6 の間の整数値をランダムに 10 個生成する

図 12.3　dice.py プログラムの実行例

解答と解説

　ソースコード 12.3 に dice.py プログラム例を示す．1 から 6 の間の乱数を生成するため，randint(1, 6) として整数乱数を生成している.

ソースコード **12.3**　dice.py プログラムのプログラム例

```
1  # -*- coding: utf-8 -*-
2  """
3  dice.py プログラム
4  random モジュールの利用例
5  さいころシミュレータプログラム
6  """
7  # モジュールのインポート
8  import random
9
10 # メイン実行部
11 for i in range(10):# 10回の繰り返し
12     print(random.randint(1, 6))
```

12.1.4　演習問題

①　さいころを 1000 回振って，出た目の回数を出力するプログラムであ

るdicecount.pyを作成せよ．dicecount.pyプログラムの実行例を図12.4に
示す．

452163162315445646152222263554 63・・・ ← 1から6の値をランダムに
1000個生成する

425561346463514111231152253355 6313465

[167,145,171,188,165,164] ← 1から6の出た目の回数を出力

図 **12.4** diceount.pyプログラムの動作例

②　乱数を使って，関数の極小値を探すことを考える．例えば，次の関数
f(x,y)について，$-1 \leqq x \leqq 1$，$-1 \leqq y \leqq 1$の範囲で[46]繰り返し乱数を生
成し，関数f(x,y)が最小となる(x,y)を求めることを考える．

$$f(x,y) = x^2 + y^2 + 1$$

上記f(x,y)の極小値を乱数で探索するプログラムであるmonte.py[47]を作
成せよ．

　図12.5に，monte.pyプログラムの動作例を示す．図では，1,000,000
回の繰り返しによって極小値を探索している．なお，f(x,y)の最小値は
(x,y)=(0,0)のときf(0,0)=1である．

```
f(x,y)= 1.6289357288137238 x = -0.11878450081494818 y =
        -0.7841083924942185
f(x,y)= 1.559678131318729 x = -0.7480438656650445 y =
        -0.010416638595327932
・・・
f(x,y)= 1.0000045179215176 x = -0.0012925183775067683 y =
        0.001687399704113135
f(x,y)= 1.0000014439714875 x = 0.0009961837223380066 y =
        0.0006720040764887081
```

図 **12.5** monte.pyの動作例

12.2　数学関数　mathモジュール

12.2.1　mathモジュール

　9章で紹介したように，標準ライブラリに含まれる **math** モジュールを用
いると，基本的な数学関数を利用することができる．表12.1に，mathモ
ジュールに含まれる数学関数の例を示す．
　数学関数を利用するためには，mathモジュールをインポートすればよい．
数学関数の利用例であるmathdemo.pyプログラムをソースコード12.4に

[46] monte.py プログラムで
は，-1 から 1 の間の float
型の乱数が必要である．これ
に対し，random モジュールに
は，uniform() という関数が用
意されている．uniform() 関
数は，二つの引数を受け取り，
引数の間の値の float 型の乱
数を返す関数である．そこで，
random.uniform(-1, 1) と
して uniform() 関数を呼び出
すことで，必要な乱数を利用
することが可能である．

[47] 乱数を使った数値計算法を，
一般にモンテカルロ法 (Monte
Carlo method) と呼ぶ.

表 **12.1** Python の math モジュールに含まれる数学関数（一部）

関数	説明
factorial()	階乗
gcd()	最大公約数
sqrt()	平方根
pow(x,y)	x^y
sin(x)	正弦関数 (sine)
cos(x)	余弦 (cosine)
tan(x)	正接関数（tangent）
atan(x)	逆正接関数（arctangent）
sinh(x)	双曲線関数 (hyperbolic sine)
exp(x)	e^x
log(x)	自然対数 $\ln(x)$
log10(x)	常用対数

示す．mathdemo.py プログラムは，入力された数値について，sqrt(),log() 及び log10() の値を計算して返すプログラムである．

ソースコード **12.4** mathdemo.py プログラム

```
 1  # -*- coding: utf-8 -*-
 2  """
 3  mathdemo.py プログラム
 4  数学関数の利用例
 5  """
 6  # モジュールのインポート
 7  import math
 8
 9  # メイン実行部
10  while True:
11      x = float(input("数値を入力："))
12      print("正の平方根：", math.sqrt(x))
13      print("自然対数　：", math.log(x))
14      print("常用対数　：", math.log10(x))
```

```
数値を入力：2
正の平方根： 1.4142135623730951
自然対数  ： 0.6931471805599453
常用対数  ： 0.3010299956639812
数値を入力：10
正の平方根： 3.1622776601683795
自然対数  ： 2.302585092994046
常用対数  ： 1.0
数値を入力：
```

図 12.6 mathdemo.py プログラムの実行例 （下線部はキーボードからの入力）

12.2.2 例題

ソースコード 12.5 に示す mathdemo2.py プログラムの実行結果を示せ.

ソースコード **12.5** mathdemo2.py プログラム

```
1 # -*- coding: utf-8 -*-
2 """
3 mathdemo2.py プログラム
4 数学関数の利用例
5 """
6 # モジュールのインポート
7 import math
8
9 # メイン実行部
10 print("θ", "¥t", "sin(θ)")
11 for theta in range(361):
12     print(theta, "¥t", math.sin(2 * math.pi / 360 * theta))
```

解答と解説

mathdemo2.py プログラムの実行結果を図 12.7 に示す. mathdemo2.py プログラムでは, 正弦関数 ($\sin(\theta)$) の値を 0° から 360° の範囲で求めている.

mathdemo2.py プログラムでは, math モジュールに用意された定数である pi(math.pi) を利用している. ここで, pi は円周率である.

```
θ        sin(θ)
0         0.0
1         0.01745240643728351
2         0.03489949670250097
3         0.052335956242943835
...
355      -0.08715574274765832
356      -0.06975647374412564
357      -0.05233595624294437
358      -0.034899496702500823
359      -0.01745240643728356
360      -2.4492935982947064e-16
```

図 **12.7** mathdemo2.py プログラムの実行結果

12.2.3 演習問題

① math モジュールには，degrees() 及び radians() という関数が用意されている．これらはそれぞれ，ラジアンから度への変換と，度からラジアンへの変換を行うことができる．そこで，radians() 関数を用いて，ソースコード 12.5 の mathdemo2.py プログラムを書き改めてみよ．

② math モジュールの pow(x,y) 関数は xy を与える関数である．同じ名前の組み込み関数 pow() も x^y を計算するが，両者は異なる関数である．両者のちがいを調査せよ．

[12 章のまとめ]

① 標準ライブラリに含まれる random モジュールは，乱数に関する機能を提供するモジュールである．

② random モジュールには，乱数列の初期値を一定の値とするための関数である seed() 関数が用意されている．

③ 標準ライブラリに含まれる math モジュールを用いると，基本的な数学関数を利用することができる．

④ math モジュールには，平方根やべき乗，三角関数や対数関数など，さまざまな数学的関数が含まれている．

13章　モジュールの利用(2)
　　　　統計的処理とグラフィックス

[この章のねらい]

　本章では，標準ライブラリの内から，統計的処理を行うための
statistics モジュールと，表計算ソフトなど他のアプリケーション
とのデータのやり取りを行える csv モジュールを紹介します．ま
た，標準ライブラリで利用できるグラフィックスの例として，ター
トルグラフィックスを実現する turtle モジュールについて説明し
ます．

[この章の項目]

　統計的処理　　statistics モジュールの利用
　グラフィックス　　turtle モジュール

13.1 統計的処理 statistics モジュールの利用

13.1.1 statistics モジュールの基本

　標準ライブラリに含まれる **statistics** モジュールは，基本的な統計処理に関する機能を提供するモジュールである．statistics モジュールには，さまざまな関数が用意されている．表 13.1 にこれらの関数の一部を示す．

表 **13.1** statistics モジュールで利用できる関数の例（一部）

関数名	説明
mean()	算術平均
median()	中央値（メジアン）
mode()	最頻値（モード）
stdev()	標本標準偏差
variance()	標本標準分散

　ソースコード 13.1 に，statistics モジュールの利用例である statdemo.py プログラムを示す．

ソースコード **13.1** statdemo.py プログラム

```
 1 # -*- coding: utf-8 -*-
 2 """
 3 statdemo.py プログラム
 4 statistics モジュールの利用例(1)
 5 """
 6 # モジュールのインポート
 7 import statistics as stat
 8
 9 # メイン実行部
10 data = [0.5, 4.6 , -2.3, 0, 9.2]
11
12 # 統計値の計算
13 print("算術平均" , stat.mean(data))
14 print("中央値  " , stat.median(data))
```

```
算術平均 2.4
中央値   0.5
```

図 **13.1** statdemo.py プログラムの実行例

　statdemo.py プログラムでは，statistics モジュールに含まれる mean() 関数と median() 関数を用いて，平均（算術平均）と中央値を求めている．なお，statistics モジュールのインポートに際して，次のように「import 〜

as 〜」記述することで，モジュール名である statistics を stat と省略して
記述できるように指定している．

```
# モジュールのインポート
import statistics as stat
```

13.1.2 csv モジュールの利用

標準ライブラリに含まれる **csv モジュール**は，csv ファイルと呼ばれる形
式のファイルを読み書きするための機能を提供するモジュールである．csv
ファイルは表計算ソフトやデータベースソフトなど，Python 以外のソフト
との間でデータをやり取りする際に用いることのできる，標準的なファイ
ル形式である．

ソースコード 13.2 に csv モジュールを利用して csv ファイルを読み込む
例を示す．ソースコード 13.2 の csvread.py プログラムは，あらかじめ用
意された book1.csv という名称の csv ファイルを読み込んで，Python の
リストとして保持する機能のプログラムである．実行例を図 13.2（1）に，
また，book1.csv ファイルの内容を図 13.2（2）に示す．

csv ファイルは，表計算ソフト等で作成することができる．Python の
プログラムから csv ファイルを読み出すには，csv モジュールに含まれる
reader() メソッドを用いるのが簡単である．csvread.py プログラムでは，
reader() メソッドを用いて book という名前のオブジェクトを作成し，csv
ファイルに格納されたデータを for 文を用いて確認している．

ソースコード **13.2** csvread.py プログラム

```
 1 # -*- coding: utf-8 -*-
 2 """
 3 csvread.py プログラム
 4 csv モジュールの利用例
 5 """
 6 # モジュールのインポート
 7 import csv
 8
 9 # メイン実行部
10 fin = open("book1.csv", "r") # csv ファイルのオープン
11 book = csv.reader(fin)          # ファイルの読み出し
12 for row in book:
13     print(row)                  # 読み出したデータの確認
```

```
['佐藤', '80', '70', '60']
['鈴木', '60', '70', '55']
['高橋', '60', '85', '65']
['田中', '90', '55', '70']
['伊藤', '75', '80', '90']
 (1) csvread.py プログラムの実行例

佐藤,80,70,60
鈴木,60,70,55
高橋,60,85,65
田中,90,55,70
伊藤,75,80,90
 (2) 読み込み対象とした book1.csv ファイルの内容
```

図 **13.2** csvread.py プログラムの実行例

13.1.3 例題

ソースコード 13.3 の csvwrite.py プログラムは，csv ファイルへの書き込み方法を例示したプログラムである．csvwrite.py プログラムの実行結果を示せ．

ソースコード **13.3** csvwrite.py プログラム

```
 1 # -*- coding: utf-8 -*-
 2 """
 3 csvwrite.py プログラム
 4 csv モジュールの利用例(2)
 5 csv ファイルの書き込み
 6 """
 7 # モジュールのインポート
 8 import csv
 9
10 # メイン実行部
11 fout = open("output.csv", "w") # csv ファイルのオープン
12 writer = csv.writer(fout)      # writer オブジェクトの生成
13 for i in range(5):             # 5回繰り返す
14     writer.writerow([i,i * i, i * i * i])
```

解答と解説

csvwrite.py プログラムでは，csv モジュールに含まれる writer() メソッド及び writerow() メソッドを用いて csv ファイルを作成している．for 文による 5 回の繰り返しにより，図 13.3 に示すような内容の csv ファイルが作成される．

```
0,0,0
1,1,1
2,4,8
3,9,27
4,16,64
```

図 **13.3** csvwrite.py プログラムにより生成される csv ファイル

13.1.4 演習問題

① csv ファイルの読み込みにおいて，ソースコード 13.4 のようにリスト内包表記を用いることで 2 次元のリストとして読み込むことが可能である．図 13.2（2）に示した book1.csv ファイルをソースコード 13.4 の csvread2.py プログラムに与えた場合の実行結果を示せ．

ソースコード **13.4** csvread2.py プログラム
　　　　　　　　リスト内包表記を用いた csv ファイルの読み込みの例

```
 1  # -*- coding: utf-8 -*-
 2  """
 3  csvread2.py プログラム
 4  csv ファイルを 2 次元のリストとして読み込む例
 5  """
 6  # モジュールのインポート
 7  import csv
 8
 9  # メイン実行部
10  fin = open("book1.csv", "r")   # csv ファイルのオープン
11  book = csv.reader(fin)          # ファイルの読み出し
12  table = [row for row in book]   # 2次元のリストとして読み込む
13  print(table)                    # 結果の確認
```

② 図 13.2（2）に示した book1.csv ファイルを読み込み，各行の数値の平均値を求めるプログラムである csvave.py を示せ．csvave.py プログラムの実行結果を図 13.4 に示す．図 13.4 で 1 行目は「70」であるが，これは book1.csv ファイルの 1 行目の三つの数値「80,70,60」の平均値を求めた結果である．

```
70
61.666666666666664
70
71.66666666666667
81.66666666666667
```

図 **13.4** csvave.py プログラムの実行結果

13.2　グラフィックス　turtle モジュール

13.2.1　turtle モジュールの基本

48 タートル (turtle) は亀を意味する.

標準ライブラリに含まれる **turtle** モジュールは，**タートル**[48] グラフィックスと呼ばれるグラフィック描画システムの機能を提供するモジュールである．ソースコード 13.5 に turtle モジュールの基本的な利用例である turtle1.py プログラムを示す.

ソースコード **13.5**　turtle1.py プログラム

```
1  # -*- coding: utf-8 -*-
2  """
3  turtle1.py プログラム
4  タートルグラフィックスの例題プログラム 1
5  """
6  # モジュールのインポート
7  import turtle
8
9  # メイン実行部
10 turtle.forward(100) # 100歩前進
11 turtle.left(90)     # 90度左回転
12 turtle.forward(100) # 100歩前進
13 turtle.right(90)    # 90度右回転
14 turtle.forward(100) # 100歩前進
15 turtle.done()       # 実行終了
```

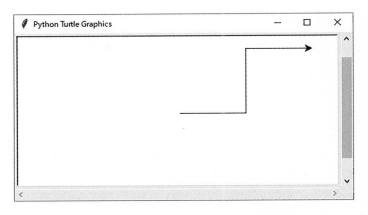

図 **13.5**　turtle1.py プログラムの実行結果

49 タートルグラフィックスでは，亀が移動すると亀と共に移動するペンが線を描画するイメージで，図形などを描画する.

タートルグラフィックス[49] は，着目点の位置が移動する過程を線として描画する，コンピュータグラフィックスの手法の一つである．タートルグラフィックスでは，移動する着目点のことを**亀**と呼ぶ．turtle1.py プログラムでは，turtle モジュールに含まれる forward() や left(),right() などの関数によって亀を動かし，その過程を線として描画している.

turtle1.py プログラムの開始時には，亀は右を向いている．この状態で

turtle.forward(100) とすることで，右向きに 100 ステップ移動する．次に
turtle.left(90) として，亀の向かう方向を 90 度左回転して上向きに設定し
ている．ここで turtle.forward(100) とすると，亀は上向きに 100 ステッ
プ移動する．引き続き turtle.right(90) で 90 度右回転して右向きとなり，
turtle.forward(100) で 100 ステップ右方向に移動する．これらの結果とし
て，図 13.5 のような実行結果を得る．

13.2.2　turtle モジュールの関数

turtle モジュールにはさまざまな関数が用意されている．ソースコード
13.6 に示す turtle2.py プログラムでは，円を描画する circle() 関数や，描
画時の色を指定する color() 関数の利用方法を示している．

ソースコード **13.6**　turtle2.py プログラム

```
 1 # -*- coding: utf-8 -*-
 2 """
 3 turtle2.py プログラム
 4 タートルグラフィックスの例題プログラム 2
 5 """
 6 # モジュールのインポート
 7 import turtle
 8
 9 # メイン実行部
10 turtle.circle(100)    # 円の描画
11 turtle.color("red")   # 線の色を赤に変更
12 turtle.left(180)      # 左に 180度回転
13 turtle.circle(50)     # 円の描画
14 turtle.done()         # 実行終了
```

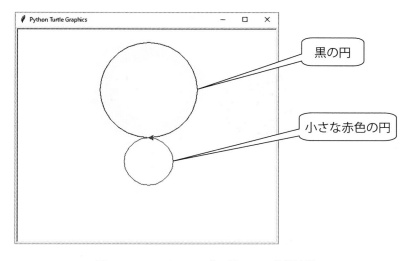

図 **13.6**　turtle2.py プログラムの実行結果

turtle2.py プログラムを実行すると，図 13.6 に示すような，黒と赤の円が描画される．プログラムでは，はじめに turtle.circle(100) と指定することで黒の円を描画している．次に turtle.color("red") とすることで，この後描く線の色を赤に変更している．その上で turtle.circle(50) とすることで，小さな赤色の円を描画している．

13.2.3 例題

ソースコード 13.7 に示す paint.py プログラムの実行結果を示せ．

ソースコード **13.7** paint.py プログラム

```
 1 # -*- coding: utf-8 -*-
 2 """
 3 paint.py プログラム
 4 図形の塗りつぶし例
 5 """
 6 # モジュールのインポート
 7 import turtle
 8
 9 # メイン実行部
10 turtle.begin_fill()                # 塗りつぶし開始
11 turtle.color("red", "blue")        # 赤い線、青の塗りつぶし
12 turtle.circle(100)                 # 円の描画
13 turtle.end_fill()                  # 塗りつぶし終了
14 turtle.done()                      # 実行終了
```

解答と解説

paint.py プログラムの実行結果を図 13.7 に示す．paint.py プログラムでは，begin_fill() 関数と end.fill() 関数を用いて，描画した円を塗りつぶしている．

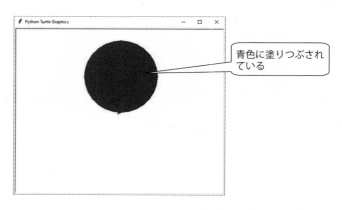

図 **13.7** paint.py プログラムの実行結果

13.2.4　演習問題

① 　ソースコード 13.8 に示す turtle3.py プログラムの実行結果を示せ.

ソースコード 13.8　turtle3.py プログラム

```
 1 # -*- coding: utf-8 -*-
 2 """
 3 turtle3.py プログラム
 4 タートルグラフィックスの例題プログラム 3
 5 """
 6 # モジュールのインポート
 7 import turtle
 8
 9 # メイン実行部
10 for i in range(12):     # 12回の繰り返し
11     turtle.circle(100)# 円を描く
12     turtle.right(30)   # 30度右回転
13 turtle.done()          # 実行終了
```

② 　ソースコード 13.9 に示す turtle4.py プログラムの実行結果を示せ. こ
こで penup() メソッドは, 亀の持つペンを持ち上げて描画せずに亀が移動
できるようにするメソッドである. また pendown() メソッドは, 通常通り
亀の移動に伴って線を描画するように設定するメソッドである.

ソースコード 13.9　turtle4.py プログラム

```
 1 # -*- coding: utf-8 -*-
 2 """
 3 turtle4.py プログラム
 4 タートルグラフィックスの例題プログラム 4
 5 """
 6 # モジュールのインポート
 7 import turtle
 8
 9 # メイン実行部
10 for i in range(20):
11     turtle.pendown()  # ペンダウン (描画)
12     turtle.forward(8) # 8進む
13     turtle.penup()    # ペンアップ (非描画)
14     turtle.forward(2) # 2進む
15 turtle.done()          # 実行終了
```

[13章のまとめ]

① 標準ライブラリに含まれる statistics モジュールは，基本的な統計処理に関する機能を提供するモジュールである． statistics モジュールには，算術平均やメジアン，モード，標準偏差などを求める関数が用意されている．

② 標準ライブラリに含まれる csv モジュールは， csv ファイルと呼ばれる形式のファイルを読み書きするための機能を提供するモジュールである．

③ 標準ライブラリに含まれる turtle モジュールは，タートルグラフィックスと呼ばれるグラフィック描画システムの機能を提供する．

14章　モジュールの利用(3)
データサイエンスと機械学習
(NumPy, pandas, scikit-learn)

[この章のねらい]

　Python では，標準ライブラリ以外にも，優れたモジュールがさまざまな分野向けに開発・提供されています．本章ではそうした中から，データサイエンスと機械学習に関連するモジュールを紹介します．なお，標準ライブラリに含まれていないモジュールを利用する場合には，Python 本体のインストールとは別途に，当該モジュールのインストール作業が必要となります．

[この章の項目]

標準モジュール以外のモジュールの利用
データサイエンスと機械学習（NumPy, pandas, scikit-learn）

14.1 標準モジュール以外のモジュールの利用

Python では，さまざまな分野を対象とした優れたモジュールが多数提供されている．表 14.1 にその代表例を示す．これらは，モジュールの集合であるパッケージとして提供されている．

表 14.1 標準モジュール以外のモジュール（パッケージ）の例

パッケージ名称	分野
NumPy	数値データ処理
Matplotlib	グラフ描画
Scipy	科学技術計算
Sympy	数式処理
pandas	データ分析
OpenCV	画像処理
scikit-image	画像処理
scikit-learn	機械学習
TensorFlow	科学技術計算
Keras	深層学習
PyTorch	深層学習

標準ライブラリに含まれていないモジュールを利用するためには，Python 本体のインストールとは別に，利用したいモジュール（パッケージ）をインストールする必要がある．

モジュールのインストールには，Python のパッケージ管理システムである **pip** を利用する．pip のインストールコマンド等を利用することで，必要なモジュールをインストールすることができる．ただし，複数のモジュールをインストールする場合には，モジュール同士の依存関係が問題となる場合がある．例えば，あるモジュールを利用する場合には，別のモジュールをインストールしなければならない場合がある．この場合，それぞれのモジュールのバージョンを指定された通りに合わせなければならないなど，相互の依存関係に注意する必要がある．

モジュール（パッケージ）を一つずつインストールするのではなく，複数のモジュール（パッケージ）をまとめてインストールする方法もある．例えば，**Anaconda**[50] と呼ばれるプラットフォームを利用すると，科学技術計算関連のさまざまなモジュールをまとめてインストールすることができる．Anaconda を用いると，モジュールの依存関係を考える必要なく，さまざまなモジュールを利用することができる．ただし，必要とするモジュールだけをインストールすることはできず，大量のモジュールを一括してインストールする必要がある．

50 https://www.anaconda.com/

14.1.1　演習問題

①　pip を用いて，適当なモジュール（パッケージ）をインストールしてみよ．

②　Anaconda を利用して，科学技術計算に関するモジュール（パッケージ）を一括してインストールせよ．

14.2　データサイエンスと機械学習（NumPy，pandas，scikit-learn）

14.2.1　NumPy

NumPy は数値データ処理のためのさまざまな機能を含んだパッケージである．ソースコード 14.1 に，NumPy の利用例である numpydemo.py プログラムを示す．

ソースコード **14.1**　numpydemo.py プログラム

```
 1 # -*- coding: utf-8 -*-
 2 """
 3 numpydemo.py プログラム
 4 NumPy を用いた連立方程式の解法プログラム
 5 使い方  c:\>python numpydemo.py
 6 """
 7 # モジュールのインポート
 8 import numpy
 9
10 # グローバル変数
11 a = numpy.array([[5, 4, 3, 2], [1, 6, 2, 3],
12                  [2, 3, 7, 4], [3, 2, 1, 8]])  # 係数行列
13 b = numpy.array([35, 36, 56, 51])  # 方程式右辺
14
15 # メイン実行部
16 x = numpy.linalg.solve(a, b)  # 方程式を解く
17 print(x)  # 結果の出力
```

```
[ 1.  2.  4.  5.]
```

図 **14.1**　numpydemo.py プログラムの実行結果

NumPy は，数値計算において重要である高速な行列計算機能を Python で実現し，行列に対するさまざまな処理機能を提供する，汎用的な数値計算パッケージである．numpydemo.py プログラムは，NumPy のこうした機能のうちから行列関連の機能を利用した，連立方程式の解法プログラムである．numpydemo.py プログラムでは，連立方程式の係数等を設定した後，NumPy の solve() 関数を利用することで連立方程式の解を求めている．

14.2.2　Matplotlib

Matplotlib パッケージを用いると，さまざまなグラフの描画が可能である．ソースコード 14. に，正弦波を描画するプログラムである matplotlibdemo.py プログラムを示す．

ソースコード **14.2**　matplotlibdemo.py プログラム

```
1  # -*- coding: utf-8 -*-
2  """
3  matplotlibdemo.py プログラム
4  matplotlib を用いたグラフ描画プログラム
5  使い方　c:¥>python matplotlibdemo.py
6  """
7  # モジュールのインポート
8  import numpy
9  import matplotlib.pyplot
10
11 # メイン実行部
12 x = numpy.arange(0, 2 * numpy.pi, 0.1)
13 y = numpy.sin(x)              # 正弦波の描画
14 matplotlib.pyplot.plot(x, y) # グラフ描画
15 matplotlib.pyplot.show()     # 結果の出力
```

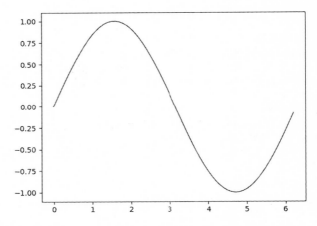

図 **14.2**　matplotlibdemo.py プログラムの実行結果

matplotlibdemo.py プログラムでは，NumPy と Matplotlib を用いることで，正弦波（sin 関数）を計算し，グラフとして表示している．このように，Matplotlib を用いることで，数値計算の結果を簡単にグラフとして表現することが可能である．

14.2.3　pandas

pandas は，データファイルの読み込みや概要の把握，またデータの前

処理等を簡単に行うことのできるパッケージである．ソースコード14.3に
pandasを利用した簡単な例題プログラムであるpandasdemo.pyプログラム
を示す．

ソースコード **14.3** pandasdemo.py プログラム

```
 1  # -*- coding: utf-8 -*-
 2  """
 3  pandasdemo.py プログラム
 4  pandas を用いたデータの取り扱い例
 5  data.csv というファイルからデータを読み込みます
 6  使い方  c:¥>python pandasdemo.py
 7  """
 8  # モジュールのインポート
 9  import pandas
10
11  # csv ファイルの読み込み
12  data = pandas.read_csv("data.csv")
13  print(data)
14
15  # 行数・列数の確認
16  print("行数・列数：", data.shape)
17
18  # データ型の確認
19  print("データ型：¥n", data.dtypes)
20
21  # データの性質の要約
22  print(data.describe())
```

　pandasを用いると，csvファイルやその他のデータファイルを直接読み
込むことができる．pandasdemo.pyプログラムではdata.csvという名前
のcsvファイルを読み込んでいる．続いて，データの行数・列数の確認や
データ型の確認，またデータの統計的性質の要約などを求めている．

14.2.4　scikit-learn

　scikit-learnは，与えられたデータセットに対してさまざまな機械学習の
手法を適用することのできるパッケージである．表14.2に，scikit-learnで
提供される機能の例を示す．

　scikit-learnを用いた機械学習プログラムの例として，サポートベクターマ
シン[51]による分類規則を学習するscikitdemo.pyプログラムをソースコー
ド14.4に示す．

　scikitdemo.pyプログラムでは，三つの0または1の数字の組を与えて
多数決の結果を返す学習データセットを与えている．例えば，dataの0番
目の要素である [0, 0, 0] は0が多数なので，labelの最初の要素は0として
ある．同様に，dataの最後の要素である [1, 1, 1] は1が多数なので，label
の最後の要素は1としている．

51 表14.2に示すように，サ
ポートベクターマシンは，デー
タの分類知識を獲得するため
の機械学習の一手法である．

a	b	c	d
1	2.1	3	4
3	5.4	9	−1
−2	3.6	−4	5

(1) 処理対象である data.csv ファイルの内容

```
   a    b  c  d
0  1  2.1  3  4
1  3  5.4  9 -1
2 -2  3.6 -4  5
行数・列数: (3, 4)
データ型:
 a      int64
b    float64
c      int64
d      int64
dtype: object
          a         b         c         d
count  3.000000  3.000000  3.000000  3.000000
mean   0.666667  3.700000  2.666667  2.666667
std    2.516611  1.652271  6.506407  3.214550
min   -2.000000  2.100000 -4.000000 -1.000000
25%   -0.500000  2.850000 -0.500000  1.500000
50%    1.000000  3.600000  3.000000  4.000000
75%    2.000000  4.500000  6.000000  4.500000
max    3.000000  5.400000  9.000000  5.000000
```

(2) 実行例

図 **14.3** pandasdemo.py プログラムの実行例

　学習後の検査結果から，学習データセットに含まれていない数字の組に対しても多数決の結果を返すような分類知識が得られていることが分る．例えば検査データである testdata の最初の要素 [0, 0, 1] に対しては，scikitdemo.py プログラムは 0 を出力しており，testdata の二番目の要素 [0, 1, 1] に対しては，1 を出力している．これらは，多数決の結果を正しく与えている．

表 14.2　scikit-learn の機能（一例）

名称	機能
サポートベクターマシン (SVM)	特徴量によって対象を分類する分類規則を学習する 機械学習手法
ランダムフォレスト (random forest)	決定木を組み合わせて分類精度を向上させる 機械学習手法
ロジスティック回帰 (logistic regression)	統計解析における多変量解析の一種であり， 特徴量による分類が可能
k 近傍法 (k-nearest neighbor algorithm)	特徴空間内の近傍に存在する例を使った 分類手法
ニューラルネットワーク (neural network)	生物の神経回路を模擬した機械学習手法

ソースコード **14.4**　scikitdemo.py プログラム

```python
1  # -*- coding: utf-8 -*-
2  """
3  scikitdemo.py プログラム
4  scikit-learn モジュールのデモプログラム
5  使い方  c:¥>python scikit.py
6  """
7  # モジュールのインポート
8  import sklearn.svm
9
10 # メイン実行部
11 # 学習データセットの定義
12 data = [[0, 0, 0], [0, 1, 0], [1, 0, 0],
13         [1, 0, 1], [1, 1, 0], [1, 1, 1]]
14 label = [0, 0, 0, 1, 1, 1]
15
16 # SVM による学習
17 model = sklearn.svm.SVC()
18 model.fit(data, label)
19
20 # 検査データセットによる予測
21 testdata = [[0, 0, 1], [0, 1, 1]]
22 testlabel = model.predict(testdata)
23 print(testdata, testlabel)
```

```
[[0, 0, 1], [0, 1, 1]] [0 1]
```

図 14.4　scikitdemo.py プログラムの実行結果

14.2.5 演習問題

① ソースコード 14.5 に示す ex142.py プログラムの実行結果を示せ.

ソースコード 14.5　ex142.py プログラム

```
 1  # -*- coding: utf-8 -*-
 2  """
 3  ex142.py プログラム
 4  使い方　c:¥>python ex142.py
 5  """
 6  # モジュールのインポート
 7  import random
 8  import matplotlib.pyplot
 9
10  # メイン実行部
11  N = 1000 # 繰り返し回数
12  x = 0.0
13  y = 0.0
14  # グラフ描画の準備
15  xlist = [x]   # x 座標
16  ylist = [y]   # y 座標
17  # ランダムウォーク
18  for i in range(N):
19      x += (random.random() - 0.5)
20      y += (random.random() - 0.5)
21      xlist.append(x)
22      ylist.append(y)
23
24  # グラフの表示
25  matplotlib.pyplot.plot(xlist, ylist)   # グラフをプロット
26  matplotlib.pyplot.show()               # 表示
```

[14 章のまとめ]

① Python では,さまざまな分野を対象とした優れたモジュールが
多数提供されている.標準ライブラリ外のモジュールを利用す
るためには, Python 本体のインストールとは別に,利用した
いモジュールをインストールする必要がある.

② NumPy は数値データ処理のためのさまざまな機能を含んだパッ
ケージである.

③ Matplotlib パッケージを用いると,さまざまなグラフの描画が
可能である.

④ pandas は,データファイルの読み込みや概要の把握,またデー
タの前処理等を簡単に行うことのできるパッケージである.

⑤ scikit-learn は,与えられたデータセットに対してさまざまな機
械学習の手法を適用することのできるパッケージである.

15章　さまざまなプログラミング言語

[この章のねらい]

　本章では，Python 以外のプログラミング言語を取り上げて，その利用について説明します．はじめに，オブジェクト指向の考え方に基づいて C 言語を発展させた言語である C++言語と，C 言語や C++言語と並んでソフトウェア開発に広く用いられている Java 言語を取り上げ，その特徴を説明します．続いて，Perl 言語や Python 言語に代表されるスクリプト言語について特徴を説明します．

[この章の項目]

C++言語と Java 言語
スクリプト言語

15.1 C++言語と Java 言語

15.1.1 オブジェクト指向の基礎

10章でも説明したように，近年，ソフトウェアの分析や設計，および製造において，**オブジェクト指向**と呼ばれる考え方が広く用いられている．オブジェクト指向とは，システムの構成要素を**オブジェクト**（もの）であると考え，オブジェクトどうしが相互作用することでシステム全体が動作すると考える考え方である．

オブジェクトはその内部にデータや処理手続きを含んでおり，外部からメッセージを受け取ることで処理を開始する．処理結果はメッセージとして他のオブジェクトに渡される．オブジェクトを利用する際にはその内部構造を意識する必要はなく，単に適切なオブジェクトにメッセージを送ることで処理が実行される．このため，システムの詳細を考える必要がなく，大規模なシステムであってもシステム全体を的確に把握することが可能である．このため，オブジェクト指向の考え方はシステム分析やシステムの設計に有用である．

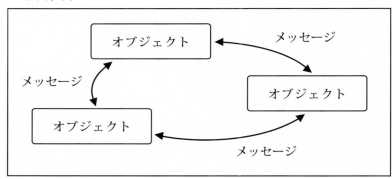

オブジェクトがメッセージをやりとりする

図 15.1 オブジェクト指向に基づくシステムの表現

オブジェクト指向の考え方をプログラミング言語に反映させた**オブジェクト指向プログラミング言語**は，オブジェクト指向分析やオブジェクト指向設計の結果をプログラムシステムに反映させるのに有用である．さらに，多くのオブジェクト指向言語では，**クラス**に基づく**継承**のしくみを実装している．継承は，オブジェクトの雛形となるクラスを用意し，既存のクラスに新たな機能を追加することで新しいクラスを創りだすしくみである．継承を用いるとプログラミングの手間を削減することができるため，適切に利用すればプログラムシステムの生産性が格段に向上することが知られている．

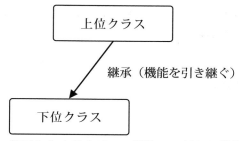

図 **15.2** クラスと継承

15.1.2 C 言語と C++言語

C 言語は，1970 年代に開発された，歴史のあるプログラミング言語である．元来 C 言語は，コンピュータの基本ソフトウェアであるオペレーティングシステム (operating system) を記述するために開発された[52] が，その後，さまざまなソフトウェアシステムの開発に広く用いられた．C 言語によるソフトウェアシステムは，現在でも広く利用されている．

C++言語は，オブジェクト指向の考え方に基づいて C 言語を拡張したプログラミング言語である．C++言語は C 言語の機能をすべて備えた[53] 汎用のプログラミング言語であり，C 言語同様さまざまな分野のソフトウェア構築に広く用いられている．

C++言語では，データと処理手続きをひとまとめにしたクラスを扱うことができる．様々なクラスのライブラリが用意されているので，プログラム作成時にはライブラリを利用してプログラムシステムを構築することが容易である．

ソースコード 15.1 に，C++言語によるプログラムの例を示す．図では，cin というオブジェクトを用いて標準入力から数値を読み取りっている．その後，標準出力への書き出しを担当する cout というオブジェクトを用いて，文字や数値を cout にメッセージとして与えることで標準出力に出力している．

C++言語では，オブジェクト指向の考え方が導入された他にも，さまざまな拡張が C 言語に対してなされている．例えば図 15.3 の cplus.cpp プログラムでは，記号//を使ったコメント記法を用いている．C++では，/*から始めて*/で終わる C 言語のコメント記法も使えるが，//から始まり行末までをコメントとする記法も用いることができる．別の例として，cplus.cpp プログラムの for 文では，繰り返しを制御する変数 i を，利用する直前に定義している．C++言語における変数の宣言や定義の方法は，C 言語における宣言や定義よりも制限が緩やかである．

52 具体的には，UNIX オペレーティングシステムの記述に利用された．

53 一般に，C++言語は C 言語の上位互換言語であると言われている．

```
// cplus.cpp プログラム        ← 記号 // を用いたコメント記法
// c++ プログラムの簡単な例

#include<iostream>
using namespace std;

int main()
{
 double a;

 cin>>a;                        ← cin オブジェクトを用いた入力処理

 for(int i=1;i<10;++i)          ← 変数定義の位置が C 言語と比較して柔軟
   cout<<i<<":"<<a*i<<endl;
}                               ← cout オブジェクトによるデータ出力
```

図 **15.3**　cplus.cpp

```
6
1:6
2:12
3:18
4:24
5:30
6:36
7:42
8:48
9:54
```

図 **15.4**　cplus.cpp の実行例（下線部はキーボードからの入力）

15.1.3　Java 言語

　Java 言語は，ネットワークプログラムを前提として 1990 年代に発表された オブジェクト指向言語である．C++言語が C 言語の拡張として設計されたのに対し，Java 言語はオブジェクト指向やネットワークプログラミングを実現するために新たに開発された言語である．ただし，Java 言語は C 言語の記法を参考に開発されたので，プログラムソースコードの字面は C 言語と似ている面がある．

　Java 言語は汎用のプログラミング言語であり，小型の制御用コンピュータから大型のサーバまで，さまざまなコンピュータで用いられている．また近年では，スマートフォンのプログラムを記述するための標準的な言語としても用いられており，C 言語や C++言語と並んで広く用いられている言語である．

　Java 言語の特徴の一つは，**コンパイラ方式**と**インタプリタ方式**を併用し

た，ハードウェアに依存しない実行形態を採用している点にある（図15.5）．Java 言語のソースコードは，Java のコンパイラによって，**Java バイトコード**と呼ばれる一種の機械語プログラムに変換される．Java バイトコードは特定の CPU ハードウェアに対する機械語プログラムではなく，**Java 仮想マシン**と呼ばれる Java 言語のインタプリタによって実行される機械語プログラムである．ここでインタプリタとは，与えられたを一つずつ解釈実行するようなプログラム実行システムである．Java バイトコードを実行する際には，それぞれのハードウェア上に実装された Java 仮想マシンを用いてプログラムを実行する．

　このようにすると，ソースコードから変換された Java バイトコードによる機械語プログラムは，Java 仮想マシンさえあればどのような CPU 上でも実行することが可能である．これにより Java 言語を用いることで，ネットワーク上のどのようなコンピュータ上でも動作可能なプログラムを作成することができる[54] ようになっている．

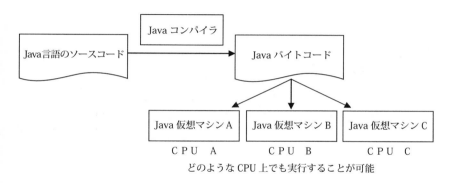

図 **15.5**　Java の実行形態

　Java 言語のプログラム例をソースコード15.1 に示す．ソースコード15.1 の Javap.java プログラムは，0 から 9 までの値の 2 乗値を出力するプログラムである．

ソースコード **15.1**　Javap.java プログラム

```
 1  //Javap.java プログラム
 2  //java によるプログラムの例
 3
 4  import java.io.* ;
 5
 6  public class Javap{
 7   public static void main(String[] args){
 8    int i ;
 9    for(i=0;i<10;++i)
10     System.out.println(i+":"+i*i) ;
11   }
12  }
```

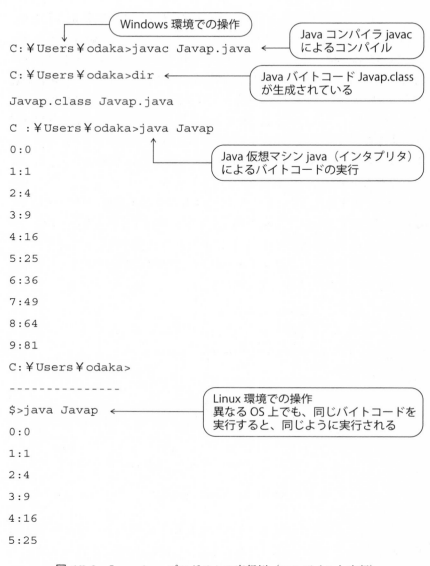

図 **15.6**　Javap.java プログラムの実行例（コンパイルと実行）

15.2　スクリプト言語

15.2.1　スクリプト言語とは

　Perl や Python 等に代表される**スクリプト言語**とは，概ね[55] 以下のような特徴を有する言語である.

・プログラム記述が簡潔かつ容易で，プログラムの生産性が高い

・インタプリタ方式で実装され，実行が容易

・言語機能を拡張するライブラリが豊富なものが多い

　スクリプト言語は一般にプログラム記述が容易なものが多く，1行の記述だけでプログラムを構成できる場合も多い．記述が容易であるばかりでなく，言語によっては大規模なプログラムシステムを記述することも可能であり，オブジェクト指向を積極的に取り入れた言語もある．スクリプト言語ではプログラム記述や実行を容易にするため，インタプリタ方式により実装されている場合が多い．さらに，さまざまな用途に応じて言語機能を拡張できるライブラリ群が用意されている場合も多い．

　スクリプト言語には，目的や用途に応じてさまざまなものがある．例えば，JavaScript 言語は主として Web システム，特にクライアント側システムの記述に用いるために開発されたスクリプト言語である．同じくスクリプト言語の PHP は，サーバ側での処理を目的として開発された言語である．これに対して Perl や Python，Ruby 等のスクリプト言語は，汎用的なプログラミング言語であり，さまざまな処理の記述に用いられている．

15.2.2　Perl 言語

　Perl は，1980 年代に発表された汎用のスクリプト言語である．Perl 言語は文字処理の記述が容易であることから，Web システムのテキスト処理等に広く用いられる．また，プログラム記述が特に容易である点から，簡単なテキスト処理の記述や，コンピュータシステムの管理に必要とされる小規模なプログラムツールの記述にもよく用いられる．

　ソースコード 15.2 に Perl のプログラム例を示す．図 15.7 の perlex.pl プログラムは，標準入力を読み込んで，その中に”おはよう”という文字列が含まれている場合には入力された文字列をそのまま出力する．また含まれていない場合には”・・・”という文字列を出力する．

ソースコード **15.2**　perlex.pl プログラム

```
1  # perlex.pl プログラム
2
3  #行の読み込みと文字列比較
4
5  while(<>){
6    if(/おはよう/){
7     print $_ ;
8    } else {
9     print "・・・ ¥n" ;
10   }
11 }
```

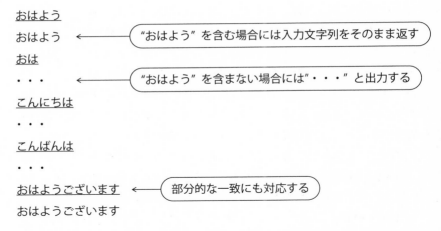

おはよう
おはよう ← "おはよう" を含む場合には入力文字列をそのまま返す
おは
・・・ ← "おはよう" を含まない場合には"・・・" と出力する
こんにちは
・・・
こんばんは
・・・
おはようございます ← 部分的な一致にも対応する
おはようございます

図 **15.7** perlex.pl プログラムの実行例(下線部はキーボードからの入力)

15.2.3 Python

本書で主として取り上げた **Python** は,1990 年代に発表された汎用のスクリプト言語である.Python はオブジェクト指向を基礎とした言語であり,基本的な言語仕様を拡張するための多様なモジュール(パッケージ)が用意されている.モジュールにはさまざまな種類があり,例えばネットワークや Web,データベース,グラフィックス,数値計算や科学技術計算,画像処理や自然言語処理,機械学習などさまざまな分野に及んでいる.これらのモジュールを用いると,自分でアルゴリズムを実装する場合と比較して,信頼性の高いプログラムを素早く構築することが可能である.

15.2.4 演習問題

本章では,現在広く利用されているプログラミング言語をいくつか取り上げた.ここで紹介したプログラミング言語についてさらに調査するとともに,それ以外のプログラミング言語についても調べてみよ.

[15章のまとめ]

① オブジェクト指向は，システムの構成要素をオブジェクト（もの）であると考え，オブジェクトどうしが相互作用することでシステム全体が動作すると考える考え方である．

② C++言語は，オブジェクト指向の考え方に基づいて C 言語を拡張したプログラミング言語である．

③ Java 言語は，ネットワークプログラムを前提として開発されたオブジェクト指向言語である．

④ Perl は汎用のスクリプト言語である．文字処理の記述が容易であることや，プログラム記述が特に容易であることなどの特徴がある．

⑤ 汎用のスクリプト言語である Python は，オブジェクト指向を基礎とした言語であり，言語仕様を拡張するためのモジュールの種類が豊富である．

略解

第1章 略解
演習問題 1.1
① 実行結果は以下の通りとなる．以下の例は，Windows のコマンドプロンプト下での，Python インタプリタによる実行例である．

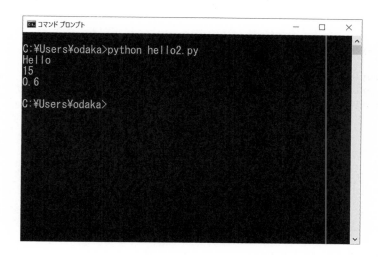

図 A.1 Windows のコマンドプロンプト下での Python インタプリタによる実行例

第2章 略解
演習問題 2.1
① 次のように，文字列が 2 行出力される．

```
abc
defnghi
```

②

```
「空欄A」     "Calclation"
「空欄B」     "7*13+20/2の計算結果"
```

③　3番目のprint()関数の呼び出しにおいて，文字列最後の「"」が抜けている．このため，実行時に該当箇所で次のようにエラーが検出される．

```
File "greetingbug.py", line 8
    print("Hello,world!)
                        ^
SyntaxError: EOL while scanning string literal
```

正しいプログラムは次の通り

ソースコード **A.1**　greetingnobug.py プログラム

```
1 # -*- coding: utf-8 -*-
2 """
3 greetingnobug.py プログラム
4 """
5 print("Hello,world!")
6 print("Hello,world!¥n")
7 print("Hello,world!")
```

```
Hello,world!
Hello,world!

Hello,world!
```

図 **A.2**　greetingnobug.py プログラムの実行結果

演習問題 2.2

①　input()関数を3回呼び出して，三つの変数にそれぞれ値を代入する．

ソースコード **A.2**　add3.py プログラム

```
1 # -*- coding: utf-8 -*-
2 """
3 add.py プログラム
4 3つの数値の和を求める
5 """
6 a = int(input("一つ目の整数を入力:"))
7 b = int(input("二つ目の整数を入力:"))
8 c = int(input("三つ目の整数を入力:"))
9 print("和の値：", a + b +c)
```

②

> 「空欄A」　　"整数を入力:"
> 「空欄B」　　inputdata * 200

③　　入力時点では二つの変数 a と b を利用しているにもかかわらず，計算の段階では変数 x と y を利用している．このため，次のようなエラーが発生する．

```
一つ目の整数を入力:20
二つ目の整数を入力:30
Traceback (most recent call last):
  File "multbug.py", line 7, in <module>
    print("和の値：", x * y)
NameError: name 'x' is not defined
```

multbug.py プログラムを正しく修正した，mult.py プログラムを以下に示す．

ソースコード **A.3**　mult.py プログラム（multbug.py プログラムの修正版）

```
1 # -*- coding: utf-8 -*-
2 """
3 mult.py プログラム
4 """
5 a = int(input("一つ目の整数を入力:"))
6 b = int(input("二つ目の整数を入力:"))
7 print("積の値：", a * b)
```

mult.py プログラムの実行例は以下の通りである．

```
一つ目の整数を入力:20
二つ目の整数を入力:30
積の値：　600
```

図 **A.3**　mult.py プログラムの実行例（下線部はキーボードからの入力）

第 3 章　略解

演習問題 3.1

①

> 「出力結果A」：
> Case 1
> End of program
>
> 「出力結果B」：
> Case 2
> End of program

②　ソースコードを以下に示す.

ソースコード **A.4**　ps.py プログラム

```python
 1  # -*- coding: utf-8 -*-
 2  """
 3  ps.py プログラム
 4
 5  """
 6  data = int(input("整数を入力:"))
 7  if data > 0:              # 読み込んだ値が正なら
 8      print(data * data)    # 二乗の値を出力
 9  else:                     # そうでなければ
10      print("0")            # 0を出力
```

③　if 文における条件判定の式の記述が間違っている.

誤　if data => 0:

正　if data >= 0:

演習問題 3.2

①　ソースコード A.5 に解答例を示す.

ソースコード **A.5**　print5to1.py プログラム

```python
 1  # -*- coding: utf-8 -*-
 2  """
 3  print5to1.py プログラム
 4  5から 1までの整数を出力します
 5  """
 6  for i in range(5 , 0, -1):
 7      print(i)
```

② 実行結果を以下に示す.

```
1
2
3
4
4
```

図 **A.4** print.py プログラムの実行結果

プログラム最後の print() 関数の呼び出しにより，繰り返し終了時の変数 i の値 (4) が出力されている点に注意せよ.

③ printbug.py プログラムを実行しても，何も出力されない. これは，range() による増分の指定 (−1) が不適切だからである.

第 4 章 略解

演習問題 4.1

① for 文を使って，while1.py プログラムと同じ処理を行うプログラム for1.py のソースコードを以下に示す. for1.py プログラムの実行結果は，図 4.5 に示した while1.py プログラムの実行結果と同一となる.

ソースコード **A.6** for1.py

```
 1 # -*- coding: utf-8 -*-
 2 """
 3 for1.py プログラム
 4 関数f(x)=x*x+x+1について、
 5  x が正の整数の場合について計算します
 6 f(x)が 100を超えたら終了します
 7 """
 8 for x in range(1, 100):
 9     if x * x + x + 1 >= 100:# f(x)が 100以上なら
10         break                # break 文によって繰り返しを終了する
11     print("f(", x, ")=", x * x + x + 1)
```

② ソースコード A.7 に，for 文を用いて print23.py プログラムを実装した例を示す. for 文を用いずに，while 文を用いても実装可能である.

ソースコード **A.7** print23.py プログラム（for 文を用いた場合）

```
1  # -*- coding: utf-8 -*-
2  """
3  print23.py プログラム
4  1から5までの整数の
5  二乗及び三乗の値を出力します
6  """
7  print("i¥ti*i¥ti*i*i")
8  for i in range(1, 6):
9      print(i, "¥t", i * i, "¥t", i * i * i)
```

③

問1　sbug.py プログラムを実行すると，図 A.5 に示すように 99 行の出力を生成する．

```
1 までの和：　1
1 までの和：　2
1 までの和：　3
1 までの和：　4
1 までの和：　5
1 までの和：　6
        ・・・
1 までの和：　97
1 までの和：　98
1 までの和：　99
```

図 **A.5**　sbug.py プログラムの実行結果

問2　プログラムを正しく動作させるためには，n の値を 1 ずつインクリメントしなければならない．そこで，while 文の繰り返しの本体部分に，次のように「n = n + 1」という記述を追加する必要がある．

```
# 1から順番に和を求める
while sum < 100 : # 100未満の間繰り返す
    print(n , "までの和：" , sum)
    n = n + 1
    sum = sum + n # sum の値に n を加える
```

演習問題 4.2

① aster2.py プログラムの実行結果を図 A.6 に示す.

```
*****
****
***
**
*
```

図 **A.6** aster2.py プログラムの実行結果

② aster3.py プログラムは,各行において,必要な個数の空白の出力と一つの星印 * の出力を行うプログラムである.ソースコード 4. に aster3.py プログラムのソースコードを示す.ソースコードにある二重の for 文のうち,外側の for 文は複数の行(この場合は 7 行)を出力するためのものであり,内側の for 文は各行における空白の出力を担当している.

ソースコード **A.8** aster3.py プログラム

```
1  # -*- coding: utf-8 -*-
2  """
3  aster3.py プログラム
4  """
5  for i in range(1, 8):
6      for j in range(1, i):
7          print(" ", end = "")      # 空白を出力
8      print("*")                    # 1行の終わりの改行
```

③ ソースコード 4.11 に示した不完全版の aster4.py プログラム(aster4bug.py プログラム)を実行すると,図 A.7 のような結果となってしまう.これは,for 文の構成に誤りがあるためである.修正した正しい aster4.py プログラムをソースコード A.9 に示す.

```
行数を入力:4
*
**
***
****
*
**
***
****
```

図 **A.7** 不完全版の aster4.py プログラム(aster4bug.py プログラム)実行例

ソースコード **A.9** aster4.py プログラムのソースコード

```
1 # -*- coding: utf-8 -*-
2 """
3 aster4.py プログラム
4 """
5 n = int(input("行数を入力:"))
6 for i in range(1, n + 1):
7     for j in range(1, i + 1):
8         print("*", end = "")    # 空白を出力
9     print()                     # １行の終わりの改行
10 for i in range(n - 1, 0, -1):
11     for j in range(1, i + 1):
12         print("*", end = "")    # 空白を出力
13     print()                     # １行の終わりの改行
```

第5章　略解

演習問題 5.1

① 　ソースコード 5.3 の dprint.py プログラムでは，二つの関数 f1() 及び f2() を呼び出して，2 乗と 3 乗の値を計算している．dprint.py プログラムの実行結果を図 A.8 に示す．

```
f1( 1 )= 1      f2( 1 )= 1
f1( 2 )= 4      f2( 2 )= 8
f1( 3 )= 9      f2( 3 )= 27
f1( 4 )= 16     f2( 4 )= 64
f1( 5 )= 25     f2( 5 )= 125
f1( 6 )= 36     f2( 6 )= 216
f1( 7 )= 49     f2( 7 )= 343
f1( 8 )= 64     f2( 8 )= 512
f1( 9 )= 81     f2( 9 )= 729
f1( 10 )= 100     f2( 10 )= 1000
```

図 **A.8** dprint.py プログラムの実行結果

② 　printfunc2.py プログラムのソースコードと実行例を示す．

ソースコード **A.10** printunc2.py プログラム

```
 1 # -*- coding: utf-8 -*-
 2 """
 3 printfunc2.py プログラム
 4 関数を使った計算の例題 (2)
 5
 6 """
 7 # 下請け関数の定義
 8 # func1 関数
 9 def func1 (i):
10     """関数 func1()"""
11     return func2( i ) * func2( i )
12 # func1 ()関数の終わり
13
14 # func2 ()関数
15 def func2 (i):
16     """関数 func2()"""
17     return i * i * i * i
18 # func2 ()関数の終わり
19
20 # メイン実行部
21 for n in range(1, 11):        # 1から 10までの繰り返し
22     print("f(", n, ")=", func1(n))
```

```
 f( 1 )= 1
 f( 2 )= 256
 f( 3 )= 6561
 f( 4 )= 65536
 f( 5 )= 390625
 f( 6 )= 1679616
 f( 7 )= 5764801
 f( 8 )= 16777216
 f( 9 )= 43046721
 f( 10 )= 100000000
```

図 **A.9** printunc2.py プログラムの実行結果

③ メイン実行部で for 文の繰り返しの本体部分にある関数呼び出しにおいて，関数名が間違っている．

誤　`print("f(", n, ")=", func(n))`

正　`print("f(", n, ")=", f(n))`

演習問題 5.2

① printa2.py プログラムの実行結果を図 A.10 に示す.

```
*
**
***
****
*****
*
**
***
****
*****
*
**
***
****
*****
*
**
***
****
*****
```

図 **A.10** printa2.py プログラムの実行結果

② printbar.py プログラムのソースコードを以下に示す.

ソースコード **A.11** printbar.py プログラム

```
1 # -*- coding: utf-8 -*-
2 """
3 printbar.py プログラム
4 棒グラフの描画
5 """
6 # 下請け関数の定義
7 # printline()関数
8 def printline(upperlimit):
9     """＊印の出力"""
10    for i in range(upperlimit):
11        print("*", end = "")
12    print()
13 # printline()関数の終わり
14
15 # メイン実行部
16 for i in range(1, 6):          # 5回繰り返す
17    val = int(input())
18    printline(val)
```

③　printa3bug.py プログラムでは，出力すべき数字を格納した変数 num が関数 printum（）に渡されていない．このため，pintnum() 関数内では変数 num を使うことができず，エラーとなる．プログラムを修正するためには，変数 num を引数として関数 printnum() に与える必要がある．修正した結果の printa3.py プログラムを以下に示す．

ソースコード **A.12**　printa3.py プログラム

```
 1  # -*- coding: utf-8 -*-
 2  """
 3  printa3.py プログラム
 4
 5  """
 6  # 下請け関数の定義
 7  # printnum()関数
 8  def printnum(upperlimit, number):
 9      """数字の出力"""
10      for i in range(upperlimit):
11          print(number, end = "")
12      print()
13  # printnum()関数の終わり
14
15  # メイン実行部
16  num = int(input())
17  for i in range(1, 6):
18      printnum(i, num)
```

第6章　略解

演習問題 6.1

①　putnum.py プログラムの実行結果を図 A.11 に示す．整数と浮動小数点数の計算では，結果が浮動小数点になることに注意せよ．また，整数同士の除算では，結果が浮動小数点となっていることに注意せよ．

```
23
7.5
7.666666666666667
7
```

図 **A.11**　putnum.py プログラムの実行結果

② calcn.py プログラムのソースコードを以下に示す.

ソースコード **A.13** calcn.py プログラム

```
 1 # -*- coding: utf-8 -*-
 2 """
 3 calcn.py プログラム
 4 整数や浮動小数点数の計算
 5 """
 6 # メイン実行部
 7 x = float(input("数値を入力："))
 8 # 二乗、三乗の出力
 9 print("x*x=",x * x)
10 print("x*x*x=",x * x * x)
11 # 二乗、三乗の逆数の出力
12 print("1/(x*x)=",1.0 /(x * x))
13 print("1/(x*x*x)=",1.0 /(x * x * x))
```

③ calcn2bug.py プログラムに数字の 3 を入力すると，次のように出力する.

```
数値を入力：3
x*2= 33
x*5= 33333
```

これは，input() 関数による入力値を数値に変換せず，文字列として扱っているためである．この点を修正した calcn2.py プログラムを以下に示す.

ソースコード **A.14** calcn2.py プログラム

```
 1 # -*- coding: utf-8 -*-
 2 """
 3 calcn2.py プログラム
 4 浮動小数点数の計算 2
 5 """
 6 # メイン実行部
 7 x = float(input("数値を入力："))
 8 # 二倍、五倍の出力
 9 print("x*2=",x * 2)
10 print("x*5=",x * 5)
```

```
数値を入力：3
x*2= 6.0
x*5= 15.0
```

図 **A.12** calcn2.py プログラムの実行例（下線部はキーボードからの入力）

演習問題 6.2

① arraymul.py プログラムの実行結果を図 A.13 に示す．図のように，二つのリストの対応する要素同士の積が出力される．

```
6
7
4
8
10
72
2
48
```

図 **A.13** arraymul.py プログラムの実行結果

② 空欄 A〜空欄 C は，いずれもリストである．

「空欄 A」 → [3, 1, 4]

「空欄 B」 → [1, 5, 9]

「空欄 C」 → [2, 6, 5]

第 7 章　略解

演習問題 7.1

① boolex.py プログラムの実行結果を図 A.14 に示す．実行結果から，Python においては，数値の 0（整数）や 0.0(浮動小数点数), ""(空の文字列) などは False であり，それ以外は True であることがわかる．

```
0 :False
1 :True
-1 :True
10 :True
0.0 :False
3.14 :True
mojiretu :True
  :False
```

図 **A.14** boolex.py プログラムの実行結果

② fractionex2.py プログラムの実装例をソースコード A.15 に示す．fractionex2.py プログラムでは，input() 関数を用いて分数を入力し，fractions モジュールを利用して分数の計算を実行している．

ソースコード **A.15** fractionex2.py プログラムの実装例

```
 1 # -*- coding: utf-8 -*-
 2 """
 3 fractionex2.py プログラム
 4 Fraction モジュールによる分数の計算例
 5 入力を伴う場合
 6 """
 7 # モジュールのインポート
 8 import fractions
 9
10 # メイン実行部
11 frac1 = input("分数 1を入力：")
12 frac2 = input("分数 2を入力：")
13
14 print("和：", fractions.Fraction(frac1) + fractions.Fraction
       (frac2))
15 print("積：", fractions.Fraction(frac1) * fractions.Fraction
       (frac2))
```

③ decimalex.py プログラムの実行結果を図 A.15 に示す．実行結果から，float 型による実行では丸め誤差が生じているが，decimal モジュールを用いた実行においては，0.1 を 100000 回足し合わせた結果が正しく 10000 となっていることが確認できる．

```
0.1を 100000回足し合わせる
float 型による実行
10000.000000018848
decimal モジュールを用いた実行
10000.0
```

図 **A.15** decimalex.py プログラムの実行結果

演習問題 7.2

① strex3.py プログラムのソースコードを以下に示す.

ソースコード **A.16** strex3.py プログラム

```
 1 # -*- coding: utf-8 -*-
 2 """
 3 strex3.py プログラム
 4 文字列の利用方法の例その3
 5
 6 """
 7 # メイン実行部
 8 str = """春はあけぼの　春はあけぼの　春はあけぼの
 9 夏は夜　夏は夜　夏は夜　夏は夜"""
10 print("検索対象文字列")
11 print(str)
12 ptn = input("検索する文字パターンを入力:")
13 i = 0
14 while str.find(ptn, i) != -1:
15     i = str.find(ptn, i)
16     print(i ,"文字目")
17     i += 1
```

②

問 1 reex3.py プログラムの実行結果を図 A.16 に示す

```
['はあけぼの', 'はあけぼの', 'はあけぼの', 'は', 'は', 'は', 'は']
```

図 **A.16** reex3.py プログラムの実行結果

問 2 reex4.py プログラムを以下に示す

ソースコード **A.17** reex4.py プログラム

```
 1 # -*- coding: utf-8 -*-
 2 """
 3 reex4.py プログラム
 4 re モジュールを用いた正規表現の利用例(4)
 5 """
 6 # モジュールのインポート
 7 import re
 8
 9 # メイン実行部
10 str = """春はあけぼの　春はあけぼの　春はあけぼの
11 夏は夜　夏は夜　夏は夜　夏は夜"""
12
13 print(re.findall("[ぁ-ん]",str))
```

第 8 章　略解

演習問題 8.1

① sortfloat.py プログラムの実装例をソースコード A.18 に示す.

ソースコード **A.18**　sortfloat.py プログラムの実装例

```
1 # -*- coding: utf-8 -*-
2 """
3 sortfloat.py プログラム
4 データの整列プログラム
5
6 """
7 # メイン実行部
8 floatlist = [ ]   # 空のリスト
9
10 # データの読み込み (append())
11 while True :    # 繰り返し
12     data = input()
13     if not data:      # 入力終了
14         break
15     floatlist.append(float(data)) # 要素の追加
16
17 # リストの整列
18 floatlist.sort(reverse = True) # 降順に整列
19 print(floatlist)
```

② listex3.py プログラムを実行すると, 図 A.17 のような結果を得る. これは, append() でリストを追加すると, 追加したリスト全体が一つの要素として元のリストに追加されるためである.

```
numlist[] : [1, 3, 2]
numlist[] : [1, 3, 2, [6, -1, 9]]
```

図 **A.17**　listex3.py プログラムの実行結果

　問題文で要求されたようにリストの要素を一つずつ元のリストに追加するためには, append() のかわりに extend() を用いなければならない. extend() を利用して作成したプログラムである listex4.py プログラムをソースコード A.19 に示す.

ソースコード **A.19** listex4.py プログラム

```
 1  # -*- coding: utf-8 -*-
 2  """
 3  listex4.py プログラム
 4  リストの利用方法の例 その4
 5
 6  """
 7  # メイン実行部
 8  numlist = [1, 3, 2]  # 整数の要素からなるリスト
 9
10  # numlist の内容を出力
11  print("numlist[]：",numlist)
12
13  # 要素の追加
14  numlist.extend([6, -1, 9])    # extend()による追加
15  print("numlist[]：",numlist)
```

演習問題 8.2

① tel2.py プログラムのソースコードを以下に示す.

ソースコード **A.20** tel2.py プログラム

```
 1  # -*- coding: utf-8 -*-
 2  """
 3  tel2.py プログラム
 4  辞書を用いた内線番号検索プログラム (2)
 5  無効な入力を除外します
 6
 7  """
 8  # メイン実行部
 9  # 辞書の生成例
10  tellist = {
11          "佐藤"  : "1001" ,
12          "鈴木"  : "1004" ,
13          "田中"  : "1005" ,
14          "山田"  : "1010" ,
15  }
16
17  # 辞書の検索
18  while True:
19      name = input("名前を入力：")
20      if name in tellist:
21          print(name, "：", tellist[name])
22      else:
23          print(name, "が見つかりません")
```

② setex2.py プログラムの実行結果を図 A.18 に示す

```
東海北陸地方 {'愛知', '福井', '富山', '三重', '静岡', '石川', '岐阜
        '}
中部地方 {'長野', '愛知', '山梨', '福井', '富山', '静岡', '新潟
        ', '石川', '岐阜'}
東海北陸と中部の共通部分
{'愛知', '福井', '富山', '静岡', '石川', '岐阜'}
東海北陸と中部の全体
{'長野', '愛知', '山梨', '福井', '富山', '三重', '静岡', '新潟
        ', '石川', '岐阜'}
```

図 **A.18** setex2.py プログラムの実行結果

第9章 略解

演習問題 9.1

① breakcont2.py プログラムの実装例をソースコード A.21 に示す.

ソースコード **A.21** breakcont2.py プログラムの実装例

```
1  # -*- coding: utf-8 -*-
2  """
3  breakcont2.py プログラム
4  break 文と continue 文の例を示す例題プログラム 2
5  """
6  while True:# 入力の繰り返し
7      x = int(input("整数を入力:"))
8      if x == 0:        # 0が現れたら
9          break         # 繰り返し処理を終了
10     elif x < 0:       # 負なら
11         continue      # 繰り返しの次の要素へ進む
12     print("2乗の値:", x * x)
13 print("プログラムの終了")
```

② prime.py プログラムの実装例をソースコード A.22 に示す.for〜else の枠組みを用いて素数を判定している.

ソースコード **A.22** prime.py プログラムの実装例

```python
1  # -*- coding: utf-8 -*-
2  """
3  prime.py プログラム
4  素数判定プログラム
5  """
6  # 下請け関数の定義
7  # check()関数
8  def check(data):
9      """素数かどうかの検査"""
10     for i in range(2, data // 2 + 1):
11         if data % i == 0: # 割り切れたら
12             print(i, "で割り切れます")
13             break           # 繰り返し処理を終了
14     else:
15         print("素数です")
16     return
17
18 # check()関数の終わり
19
20 # メイン実行部
21 while True:   # 入力の繰り返し
22     x = int(input("整数を入力:"))
23     check(x) # 素数かどうかの判定
```

演習問題 9.2

① eratosthenes.py プログラムでは，はじめにリスト内包表記を用いて，「ふるい」と呼ばれるデータを表現するリスト sieve を，次のように初期化している．

```python
sieve = [i for i in range(N)] # N 未満までのふるいを準備
```

次に，for 文を用いて sieve を先頭（正確には 2 番目の要素）から順に調べ，数字を見つけたら素数として出力している．続いて while 文を用いて，素数の倍数を sieve から消去している．これを sieve の末尾まで繰り返すことで，素数を見つけている．

② リスト内包表記と for 文を組み合わせると次のように記述することができる．

```python
# 単位行列
imatrix = [[0 for i in range(N)] for j in range(N)]
for i in range(N):
    imatrix[i][i] = 1
```

また，リスト内包表記と三項演算子を組み合わせると，1 行で記述することもできる．

```python
# 単位行列
imatrix = [[1 if i == j else 0 for i in range(N)] for j in
    range(N)]
```

上記で，以下の部分が三項演算子であり，i と j が等しい時には 1 を，それ以外なら 0 を与える式である．

```
1 if i == j else 0
```

三項演算子は簡潔な記述が可能ではあるが，あまり読みやすくないという欠点がある．なお，14章で紹介する NumPy というモジュールを用いると，さまざまな行列演算を簡単かつ高速に行うことができる．行列計算などの数値計算を行う際には，NumPy モジュールを利用するのが便利である．

第10章　略解

演習問題 10.1

①　makelist.py プログラムの実装例を以下に示す．

ソースコード A.23　makelist.py プログラムの実装例

```
 1 # -*- coding: utf-8 -*-
 2 """
 3 makelist.py プログラム
 4 名前と年齢を記録するプログラム
 5 """
 6 # クラス定義
 7 # Person クラス
 8 class Person:
 9     """名簿の1項目を表現するクラスの定義"""
10     def __init__(self, name, age):  # コンストラクタ
11         self.name = name    # 名前
12         self.age = age      # 年齢
13     def get_name(self):     # 名前を返す
14         return self.name
15     def get_age(self):      # 年齢を返す
16         return self.age
17
18 # メイン実行部
19 # 入力の繰り返し
20 namelist = []
21 while True:
22     name = input("名前を入力：")
23     if not name :# 入力が無い
24         break
25     age = input("年齢を入力：")
26     namelist.append(Person(name, int(age)))
27
28 # 入力されたリストの出力
29 for p in namelist:
30     print(p.get_name(),p.get_age())
```

②　Person クラスにインスタンス変数 address を追加した例をソースコード A.24 に示す．
　ただし，10.2節で説明する継承を用いれば，より簡単に記述することが可能である．

ソースコード **A.24**　Person クラスにインスタンス変数 address を追加した例

```
 1 # クラス定義
 2 # Person クラス
 3 class Person:
 4     """名簿の 1項目を表現するクラスの定義"""
 5     def __init__(self, name, age, address):  # コンストラクタ
 6         self.name = name      # 名前
 7         self.age = age        # 年齢
 8         self.address = address # アドレス
 9     def get_name(self):   # 名前を返す
10         return self.name
11     def get_age(self):    # 年齢を返す
12         return self.age
13     def get_address(self):# アドレスを返す
14         return self.address
```

演習問題 10.2

①　OtherPerson クラスの定義例をソースコード A.25 に示す.

ソースコード **A.25**　OtherPerson クラスの定義例

```
1 # OtherPerson クラス
2 class OtherPerson(NewPerson):
3     """NewPerson クラスを継承した子クラスの定義"""
4     def set_name(self, name):# 名前を設定する
5         self.name = name
6         return
7     def set_age(self, age):# 年齢を設定する
8         self.age = age
9         return
```

②　Stack クラスの定義例をソースコード A.26 に示す.

ソースコード **A.26**　Stack クラスの定義例

```
1 # Stack クラス
2 class Stack(list):
3     """リストを継承して push()メソッドを追加する"""
4     def push(self, item):     # item を追加
5         self.append(item)
```

第 11 章　略解

演習問題 11.1

①　mes100.py プログラムの実装例をソースコード A.27 に示す.

ソースコード **A.27** mes100.py プログラムの実装例

```
1 # -*- coding: utf-8 -*-
2 """
3 mes100.py プログラム
4 100行に渡って同じメッセージを出力するプログラム
5 """
6
7 # メイン実行部
8 for i in range(100):
9     print(i + 1, ":", "Python プログラミング")
```

また，mes100.py プログラムの実行結果を text.txt という名称のファイルに格納する操作の例を図 A.19 に示す．図では，リダイレクトによりテキストファイル text.txt を作成している．

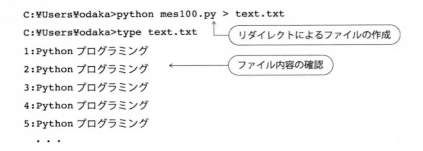

```
C:¥Users¥odaka>python mes100.py > text.txt
C:¥Users¥odaka>type text.txt          リダイレクトによるファイルの作成
1:Python プログラミング
2:Python プログラミング          ファイル内容の確認
3:Python プログラミング
4:Python プログラミング
5:Python プログラミング
  ・・・
```

図 **A.19** ファイル作成の例

演習問題 11.2

① fread2.py プログラムの構成例をソースコード A.28 に示す．

ソースコード **A.28** fread2.py プログラムの実装例

```
1 # -*- coding: utf-8 -*-
2 """
3 fread2.py プログラム
4 ファイル読み出しの例題プログラム
5 ファイルオープン時に例外処理を行います
6 """
7 # モジュールのインポート
8 import sys
9
10 # メイン実行部
11 # ファイル名の取得
12 filename = input("入力ファイル名を入力してください：")
13
14 # ファイルのオープン
15 try:
16     fin = open(filename, 'rt')
17 except:
18     print("ファイルオープンに失敗しました")
```

```
19      sys.exit(1)
20
21  # *ファイルからのデータ読み出しと計算
22  sum = 0.0 # 合計値
23  while True:
24      line = fin.readline() # 1行読み込み
25      if not line:# 入力終了
26          break
27      sum += float(line)
28      print("累計：", sum)
29  # ファイルクローズ
30  fin.close()
```

② fread.py を書き直したプログラムである fread3.py の構成例をソースコード A.29 に示す.

ソースコード **A.29**　fread3.py プログラム

```
 1  # -*- coding: utf-8 -*-
 2  """
 3  fread3.py プログラム
 4  ファイル読み出しの例題プログラム
 5  readlines()メソッドによる一括読み込み
 6  """
 7
 8  # メイン実行部
 9  # ファイル名の取得
10  filename = input("入力ファイル名を入力してください：")
11
12  # ファイルのオープン
13  fin = open(filename, 'rt')
14
15  # *ファイルからのデータ読み出しと計算
16  inputtext = fin.readlines() # 一括読み込み
17  sum = 0.0 # 合計値
18  for line in inputtext:
19      sum += float(line)
20      print("累計：", sum)
21  # ファイルクローズ
22  fin.close()
```

第 12 章　略解

演習問題 12.1

① dicecount.py プログラムの実装例をソースコード A.30 に示す.

ソースコード **A.30** dicecount.py プログラムの実装例

```python
1  # -*- coding: utf-8 -*-
2  """
3  dicecount.py プログラム
4  さいころの目の出現回数を数えるプログラム
5  """
6  # モジュールのインポート
7  import random
8
9  # メイン実行部
10 count = [0 for i in range(6)] # 数え上げのためのリストの初期化
11 for i in range(1000):# 1000回の繰り返し
12     dice = random.randint(1, 6)
13     print(dice, end = "") # 目の値の出力
14     count[dice - 1] += 1  # 数え上げ
15 print()
16 # 結果の出力
17 print(count)
```

② monte.py プログラムの実装例をソースコード A.31 に示す.

ソースコード **A.31** monte.py プログラムの実装例

```python
1  # -*- coding: utf-8 -*-
2  """
3  monte.py プログラム
4  モンテカルロ法による関数の極小値探索
5  """
6  # モジュールのインポート
7  import random
8  # 下請け関数の定義
9  # f()関数
10 def f(x,y):
11     """関数 f()"""
12     return x * x + y * y + 1
13 # f()関数の終わり
14
15 # メイン実行部
16 x = random.uniform(-1, 1)
17 y = random.uniform(-1, 1)
18 fmin = f(x,y) # 初期値の設定
19 for i in range(1000000):# 1000000回の繰り返し
20     x = random.uniform(-1, 1)
21     y = random.uniform(-1, 1)
22     fval = f(x,y)      # 関数値の計算
23     if fval < fmin: # 最小値の発見
24         fmin = fval # 最小値の更新
25         print("f(x,y)=",fmin, "x =", x, "y =",y) # 解候補の出力
```

演習問題 12.2

① radians() 関数を用いて図 12.8 の mathdemo2.py プログラムを書き改めたプログラムである. mathdemo3.py をソースコード A.32 に示す.

ソースコード **A.32**　mathdemo3.py プログラム

```
 1  # -*- coding: utf-8 -*-
 2  """
 3  mathdemo3.py プログラム
 4  数学関数の利用例
 5  radians()関数の利用
 6  """
 7  # モジュールのインポート
 8  import math
 9
10  # メイン実行部
11  print("θ", "¥t", "sin(θ)")
12  for theta in range(361):
13      print(theta, "¥t", math.sin(math.radians(theta)))
```

② math モジュールの pow() 関数は引数として float 型の値を取り，組み込み関数 pow() は引数として整数を取る．

第 13 章　略解
演習問題 13.1

① csvread2.py プログラムの実行結果を図 A.20 に示す．

```
[['佐藤', '80', '70', '60'], ['鈴木', '60', '70', '55'], ['高橋
   ', '60', '85', '65'], ['田中', '90', '55', '70'], ['伊藤
   ', '75', '80', '90']]
```

図 **A.20**　csvread2.py プログラムの実行結果

② csvave.py プログラムの実装例をソースコード A.33 に示す．

ソースコード **A.33**　csvave.py プログラムの実装例

```
 1  # -*- coding: utf-8 -*-
 2  """
 3  csvave.py プログラム
 4  各行の数値の平均値を求めるプログラム
 5  """
 6  # モジュールのインポート
 7  import csv
 8  import statistics
 9
10  # メイン実行部
11  fin = open("book1.csv", "r") # csv ファイルのオープン
12  book = csv.reader(fin)        # ファイルの読み出し
13  for row in book:
14      print(statistics.mean([int(v) for v in row[1:]]))
```

演習問題 13.2

① turtle3.py プログラムの実行結果を図 A.21 に示す.

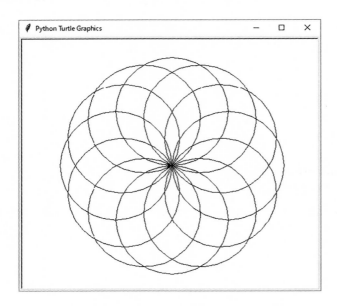

図 **A.21** turtle3.py プログラムの実行結果

② turtle4.py プログラムの実行結果を図 A.22 に示す.

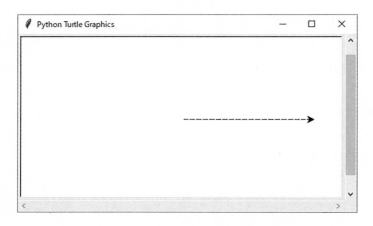

図 **A.22** turtle4.py プログラムの実行結果

第 14 章　略解

演習問題 14.1

① 「pip　install」により,指定したモジュール等のインストールが可能である.

② Anaconda の Web サイトからインストーラをダウンロードし起動することで,Anaconda のインストールが可能である.

演習問題 14.2

① ex142.py プログラムの実行例を図 A.23 に示す．図に示すように，ex142.py プログラムはランダムウォークのシミュレーションプログラムであり，実行の都度，異なる結果を描画する．

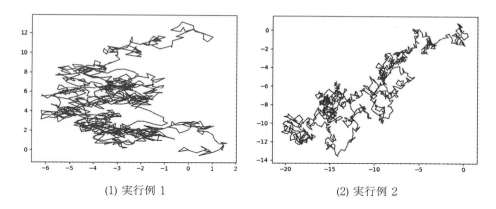

(1) 実行例 1　　　　　　　　　　　　(2) 実行例 2

図 **A.23**　ex142.py プログラムの実行結果

第 15 章　略解

演習問題 15

　本書で述べたプログラミング言語以外にも，現在広く用いられているプログラミング言語は多数存在する．例えば，

```
Fortran, Cobol,  Lisp,
Javascript,  PHP,
Ruby,
VisualBasic.NET,  C#
```

などは，特に広く用いられているプログラミング言語である．

索 引

記号

\# 8
& 87
* 51
＋ 51
¥n 9
16 進数 64
2 進数 64
8 進数 64

欧文

add() 86
Anaconda 138
append() メソッド 55
as 128

bin() 関数 64
bool 65
break 文 28, 90, 91

C++ 147
C++言語 4
close() 113
continue 文 90
count() 69
csv モジュール 129
C 言語 4, 147

decimal モジュール 68
dict 83
docstring 9

else 文 16, 91
except 115
extend() 79

find() 69
float 50
float() 関数 51
format() 関数 64
for 文 20
Fractions モジュール 66

I/O 2
if～elif～else 17
if 文 16

immutable 80
import 65
in 79
index() 79
int 50, 64
int() 関数 51
in 演算子 86

Java 148
JavaScript 151
Java 仮想マシン 149
Java 言語 4
Java バイトコード 149

list comprehension 94
list() 関数 55

math.pi 125
math モジュール 92, 123
Matplotlib 140
mean() 関数 128
median() 関数 128
mutable 80

NumPy 139

open() 関数 112

pandas 140
Perl 151
PHP 151
pip 138
pop() 78
pow() 126
print() 8
Python 4, 152

randint() 関数 122
random() 関数 120
random モジュール 120
read() 113
reader() 129
readline() 113
remove() 86
replace() 69
return 文 38
re モジュール 70

scikit-learn　141
seed() 関数　121
solve() 関数　139
sort()　79
statistics モジュール　128
str　50
super()　105

try　115
turtle モジュール　132

uniform() 関数　123
UTF-8　9

while 文　26
write()　113
writer()　130
writerow()　130

あ行

アンパック　79
イミュータブル　80
インスタンス　101
インスタンス変数　101
インタプリタ　3, 148
インデント　16
インポート　65
上書き　105
エディタ　4
エラーメッセージ　11
エラトステネスのふるい　96
円周率　125
オーバーライド　105
オブジェクト　100, 146
オブジェクト指向　146
オブジェクト指向プログラミング言語　146
オフセット　56
親クラス　104

か行

型変換　51
亀　132
仮引数　41
関数　38
関数の定義　38
記憶装置　2
機械語命令　2
疑似乱数列　120
基数　64
基底クラス　104
クラス　101, 146
繰り返し演算子　51
継承 (インヘリタンス，inheritance)　104, 146
桁落ち　54
結合演算子　51
子クラス　104
コメント　8

コンストラクタ　101
コンパイラ　3, 4, 148
コンパイル　3

さ行

サブクラス　104
サポートベクターマシン　141
辞書　83
実引数　41
集合 (set)　85
シングルクォート　51
スーパークラス　104
スクリプト言語　150
スコープ　43
スタック　78
正規表現　70
整数型　50, 64
積集合　87
ソースコード　3

た行

タートルグラフィックス　132
代入　11
タプル　79
ダブルクォート　8, 51
中央処理装置 (CPU)　2
中央値　128
ディスク装置　2
テキストファイル　110
統合開発環境　4
ドキュメント文字列　9
ドックストリング　9
トリプルクォート　9, 51

な行

入出力装置　2

は行

バイナリファイル　110
バグ　11
派生クラス　104
パラメタ　41
引数　38, 41
ファイル　110
ファイルオープン　112
ブール型　65
複素数型　64
浮動小数点型　50
プログラミング言語　3
分数　66
平均　128
変数　11
変数の通用範囲　43

ま行

丸め誤差　54

ミュータブル　80
メソッド　100
メッセージ　146
メモ帳　4
メモリ　2
モード　112
文字列型　50
戻り値　41
モンテカルロ法　123

ら行

乱数　120
リスト　55, 78
リスト内包表記　94
リダイレクト　111
例外　115
連想配列　83

わ行

和集合　88

著者略歴

小 高 知 宏（おだか ともひろ）

1990 年　早稲田大学大学院 理工学研究科博士後期課程電気工学専攻修了（工学博士）
同　　年　九州大学医学部助手（医療情報部）
1993 年　福井大学工学部助教授
2004 年　福井大学大学院工学研究科教授（現在に至る）

主 な 著 書

『Python 版　コンピュータ科学とプログラミング入門』『C 言語で学ぶ コンピュータ科学
とプログラミング』『コンピュータ科学とプログラミング入門』『基本情報技術者に向けて
の情報処理の基礎と演習 ハードウェア編, ソフトウェア編』『人工知能システムの構成（共
著）』（以上、近代科学社）
『TCP/IP で学ぶネットワークシステム』『計算機システム』『これならできる！C プログ
ラミング入門』（以上，森北出版）
『人工知能入門』（共立出版）
『基礎から学ぶ　人工知能の教科書』『Python による TCP/IP ソケットプログラミング』
『機械学習と深層学習 Python によるシミュレーション』『Python による数値計算とシミュ
レーション』『機械学習と深層学習 ―C 言語によるシミュレーション―』『強化学習と深
層学習 C 言語によるシミュレーション』『自然言語処理と深層学習 C 言語によるシミュ
レーション』『C による数値計算とシミュレーション』『C によるソフトウェア開発の基礎』
『情報通信ネットワーク』（以上，オーム社）

編集　伊藤雅英

Python言語で学ぶ 基礎からのプログラミング

パイソン　　げんご　　　まな　　　きそ

2021 年 7 月 31 日　　初版第 1 刷発行

著　者　　小高 知宏
発行者　　大塚 浩昭
発行所　　株式会社近代科学社
　　　　　〒101-0051 東京都千代田区神田神保町1丁目105番地
　　　　　https://www.kindaikagaku.co.jp

・本書の複製権・翻訳権・譲渡権は株式会社近代科学社が保有します。
・ JCOPY ＜（社）出版者著作権管理機構 委託出版物＞
本書の無断複写は著作権法上での例外を除き禁じられています。複写される場合は, そのつど事前に
(社)出版者著作権管理機構(https://www.jcopy.or.jp, e-mail: info@jcopy.or.jp)の許諾を得てください。

© 2021　Tomohiro Odaka
Printed in Japan
ISBN978-4-7649-0633-4
印刷・製本　藤原印刷株式会社